星軺東來

記美駐華十位大使及一特使

(增訂本)

魏惟儀　著

目次

前言

從歷史上觀察美國對中國外交政策是追求用中國來防禦蘇聯。百年前美國的海軍戰略家馬漢曾說：「條頓民族與斯拉夫民族早晚會有一場大戰，而決戰的戰場可能在中國。」他這種說法自十九世紀末期以至今日好像一直在主導著美國的對華政策。雄才大略如羅斯福尙不免受其影響。他爲了避免戰後與蘇聯衝突不惜以重病之身遠渡重洋去黑海邊一個蘇聯的港口——雅爾達——去會史大林。本以爲以美國的聲勢與他自己的魅力可以說服史大林叫他參加抗日，誰知卻被史利用反而與邱吉爾共同簽訂了出賣我國東三省及允許外蒙獨立的雅爾達密約，還強迫我國與蘇聯簽訂那名不副實的中蘇友好條約。添加奉上了東歐數小國——波蘭、羅馬尼亞、保加利亞、匈牙利與捷克斯拉夫。南斯拉夫的狄托不服蘇聯管轄被開除第三國籍。雅爾達密約最初還將我國蒙在鼓裡，連麥克阿瑟及魏德邁也不知道。美國雖然處處遷就蘇聯，但也不免因懼生畏希望在俄國勢力範圍下的國家裡扶持狄托式的人物。

馬歇爾調處中國內戰失敗，改變了美國的外交政策。原本美國想在第二次世界大戰後借重中國成爲穩定亞洲之基礎的計劃轉變爲一任中國內戰發展，不予介入，坐視以待「塵埃落定」。我政府遷台後國務院又發表「白皮書」將一切失去大陸的過錯完全歸咎於我政府。但我政府遷出大陸後，亞洲局勢大變，民主國家僅剩下一些島嶼與半島了！

美國曾在一九一三年五月二日正式承認中華民國先後派來的公使有六位：

嘉樂恆 William Calhoun 1910-4-21．1913-2-26

芮恩施 Paul Reinech 1913-11-15．1919-9-15

克萊恩 Charles Crane 1920-6-21．1921-7-2

舒曼 Jacob Schurman 1921-9-3．1925-4-15

馬慕瑞 John MacMurray 1925-7-15．1929-11-22

詹森 Nelson T. Johnson 1930-2-1．1935-5

一九三五年羅斯福總統升詹森爲大使，他成爲美國駐華第一任特命全權大使

美駐華特命全權大使自詹森至安克志共十位：

詹森 Nelson T. Johnson（1935-9-17．1941-5-14）

高思 Clarence Gauss（1941-5-26・1944-11-14）

赫爾利 Patrick Hurley（1943-11-7及1944-8兩度以特使身分來華）

馬歇爾（特使）Georgek Catlett Marshall（1944-11-30・1945-1-8）

司徒雷登 Leighton Stuart（1946-7-19・1949-8-2）

藍欽 Karl Rankin（第一任駐台大使）（1953-4-2・1957-12-30）

莊萊德（Everett Drumright）（1958-1962）

柯爾克 Alan Kirk（1962-7-5・1963-1-8）

賴特 Jerauld Wrigth（1963-9-29・1965-7-25）

馬康衛 Walter MacConaughy（1966-6-28・1974-4-5）

安克志 Leonard Unger（1974-5-25・1978-12-16）

我自民國以來歷任駐美大使共十位：

施肇基　民國二十四年六月二十八日・二十五年八月二十五日。

王正廷　民國二十五年八月二十六日・二十七年九月十七日。

胡　適　民國二十七年九月十七日・三十一年九月十一日。

魏道明　民國三十一年九月十二日・三十五年六月十二日。

顧維鈞　民國三十五年六月二十七日．四十五年四月十一日。
董顯光　民國四十五年四月十七日．四十七年八月二十一日。
葉公超　民國四十七年八月．民國五十年十一月。
蔣廷黻　民國五十年十一月十五日．五十四年四月十二日。
周書楷　民國五十四年四月．六十年三月三十一日。
沈劍虹　民國六十年四月九日．六十八年一月一日。

民國六十七年十二月三十一日筆者隨夫沈劍虹回國。數年後他撰《使美八年紀要》及《半生憂患》均由聯經出版公司發行。筆者亦由《聯合報》「副刊」及「繽紛版」刊出「華府二三事」，大地出版社也爲我寫的《歸去來》出書。所以當《中央日報》「長河」副刊主編張棠錡先生來電話希望我寫一本美駐華特任全權大使時我倒沒有太奇怪，但他又接著說他曾向中央研究院及中央圖書館索稿，兩處均推薦我，倒使我受寵若驚，立刻答應。我因爲這與正史有關不敢絲毫苟且，寫得很慢，加上外子患病也無心提筆，直到他逝世後經朋友及子女催促才陸續完成，不幸《中央日報》又停刊，延遲至今。

詹森(Nelson T. Johnson)

美駐華第一任大使

一九〇七年一位面泛紅光紅髮的美國青年來到了北京。他只有二十歲，大學尚未畢業。他是美國國務院派到中國來學習國語的翻譯員。這位青年十八年後成了美國第一任駐華大使——耐爾遜詹森。他性格外向，毫無拘束。他會坐著人力車和車夫一起唱中國歌，偶爾帶著他的吉他或四弦琴向朋友們唱些他自己編的歌，歌詞非常幽默逗趣。有時也會排場話劇自己飾演其中一個角色。總之他是一位和善可親的人。他有靈敏的腦筋，思想週到，辦事一絲不苟。他非常謙虛，和中國人相處得很好，他喜歡說：「三人行必有我師」這句話。他手不釋卷，對中國的藝術、文化非常欣賞，尤其是史地。他喜歡旅行，到處訪問、探討、研究，甚至對土壤都有興趣。他一團和氣，很看重別人的見解，但也不吝指出他人的錯誤。他慷慨豁達，跟他在一起如沐春風。

他小時候和妹妹隨父母去開發不久的美國西部。他父親買了一所小報館自任編輯，度過了一段相當艱苦的日子。他四歲時父親把家眷送到華盛頓外婆家中。他在那兒讀完中學，考上了華盛頓大學。有一天他的母親看見報上登著有國務院招考翻譯員去中國或日本學習東方語言的廣告。她把這篇新聞拿給詹森看。誰知他看了立刻大感興趣，登時去報了名投考。想不到他竟然考取了。那時他大學尚未畢業，但他對這將來可以作翻譯官的事興趣勃發，決定離開學校登上了去中國的輪船。誰知這一去便成了他終身在外交界服務的開始，與中國結下了不解之緣長達二十餘年之久。

他到了北京，國務院請了一位老先生教他中文。不久他就學會了說相當流利的國語，但是對讀和寫還有些困難。他任翻譯官之後在一九〇九年十一月升爲副領事，調到瀋陽。一九一〇年又派到哈爾濱。他最早的兩個任命竟是介入了一個國際競爭與敵對最激烈的局面。遠自一八七五年日俄兩國在我國東北數省爭權奪利，特別是在瀋陽和哈爾濱，不但爭市場，還要搶地下的礦產。詹森在路上看見大批的俄國人和日本人大搖大擺目空一切的熙來攘往，氣派十足，心中很不是滋味。一九一一年他被調到漢口。

一九一一年十月十日那天晚上，詹森感到寂寞與無聊，他走到河邊去閒逛，偶爾拾起一塊小石子投在長江裡，看著濺起的水花解悶。有時也見有一兩艘船靜靜的馳過。忽然他看見一股濃濃的大黑煙在對岸冒起直衝天際，接著又聽見砲聲。這位年青的外交官還沒有想到，他正在親眼目睹這驚天動地的武昌起義，辛亥革命的第一幕！（當時在清宣統三年）那天正是推翻滿清建立中華民國的開始。這古老的帝國正在驚濤駭浪之中，內憂外患頻仍之際。這王國已統治了中國兩百六十八年，一直閉關自守，晚年掙扎求存力圖改革，可憐太晚了！

一九一一年十二月詹森被調到上海，一九一三年被提名爲聯合法院顧問，一九一四年被派到重慶作領事。他在上海這三年中，中國起了翻天覆地的變化。

辛亥年武昌起義迅速擴大。孫中山先生致函率領北洋軍閥的領袖袁世凱，勸他加入革命軍，勝利後將被選爲總統。當時袁正被清廷所黜，因他主張聯合美德以抵抗日俄的政策引起清朝廷內激烈的分歧而失勢，立即遣使赴當時在倫敦的中山先生表示他希望能夠取消清廷對中山先生的通緝並公開地和他一致行動。辛亥革命爆發之後在一九一二年元月清攝政王奕劻以「人心向共和，軍無鬥志」爲據說服隆裕遜位。隆裕代表清政府正式授予袁世凱全權與南京政府商討退位。一九一二年二月八日在經過兩個多月的交涉之後，清政府正式決定退位。清人自清太祖努爾哈赤立國以來凡二百九十七年。自清世祖皇太極入主中原二百六十八年至是而亡。

一九一五年袁世凱想恢復帝制作皇帝，需要日本支持，私下簽訂了日本提出的「二十一條」。那時歐洲主要國家正陷於大戰，無暇東顧，日人想趁機侵占中國，條件之苛，幾近吞蝕。五月九日袁向日使館覆文，除其中五字「容日後協商」外概予承認。五月二十五日「二十一條」換文，在北京簽字。一切均秘密進行。條款內容共分五段：一、日本繼承德國在山東享有之特權。二、承認日本在南滿和東部內蒙之採礦土地使用及經營工業等特權，延長旅順大連租界及南滿安奉兩鐵路交還期至九十九年。三、中日合辦漢冶萍公司；附近礦山不准他人開採。四、中國沿海港灣和島嶼不得租借或割讓給他國。五、中國政府聘用日人為政治及財政軍事顧問；中日合辦警政和兵工廠；武昌、南昌、杭州、潮州開放鐵路建築權給日本。日本在福建有修築海港、鐵路、船廠和開礦等優先權。

這密約被媒體發覺後舉國大譁，甚至震驚世界，在我國大規模反日運動後，國會立刻批駁了這賣國條約。袁世凱羞愧交集不久即病逝。

一九一八年世界大戰結束。民主的中國發揚光大。在戰爭時期中華民國擺脫了德國、奧國、匈牙利的羈絆，洗刷了鴉片戰爭之後中英南京條約之恥。這次大戰中國雖然沒有派正規軍參戰，但是派遣了無數的工兵冒險負重修橋鋪路以血肉之軀抵擋敵人的炮火，也死亡慘重。日本在這場大戰中占領了中國的膠州灣不肯歸還。梵爾賽會議時我代表雖盡力爭取收回，但未得盟國協助而未果。後在華盛頓會議中我代表又遭冷落。這樁事引起了全國人民的不平，尤其是青年學生遊行示威，高呼吶喚，憤怒之火漫延四垠。我國雖在勝方卻遭到戰敗國之恥，日人奪我山東青島；俄有密約侵入滿州；法據廣州灣，德仍據有膠澳條約；英有威海衛條約。列強視我為魚肉受刀俎之災。

詹森在一九一八年派去上海，不久就調回國務院。一九二三年被指定為循迴總領事視察遠東及澳洲各地的美國使領館，一九二五年四月他回美國任遠東司長。一九二九即被胡佛總統派爲駐中華民國公使。

在一九二八年(民國十七年)中國發生了幾樁大事：

四月一日外交部對日本出兵山東抗議。

五月三日濟南日軍挑釁殺我交涉員蔡公時等。

六月四日張作霖回奉天專車在皇姑屯爲日人所埋之炸藥炸死。

八月八日任蔣中正譚廷闓等十六人爲國民政府委員。蔣中正爲國民政府主席。

十二月二十九日張學良宣布奉天、吉林、黑龍江、熱河四省易幟，改懸青天白日滿地紅國旗。

詹森一直反對列強在中國的治外法權與取租界地，尤其是剝奪了中國關稅自主權，他時常發表言論提出抗議，但均未生效。有一件事使他頗感有成就的就是挽救了中美之間爲了「白銀風潮」引起的怨恨。

一九二九至一九三〇年之間白銀價格驟降，美國國會議員中一個財團的組織發起大批購買白銀，特別是向中國購買，使得中國白銀大量外流，一時上海各銀行均起恐慌，甚至影響中美貿易。中國政府亦不滿美國此舉，引起很大反感。那時詹森已在美國，他立刻去見國務院財政顧問 Herbert Feis 賀費士，商討應付方法。賀的想法適與他相同，這政策是把自中國購買的白銀，存在中國，並與中國政府利用信用借款使用。而以錫及桐油鎢砂價還借款本息。這策劃也得到中國政府同意，一場芥蒂因而化解。尤其於抗日戰爭期間「白銀協定」之裨益抗戰實非淺鮮。

一九三〇年胡佛任他爲公使。

一九三一年（民國二十年）九月十八日晚詹森的僕人衝進了他的臥室，開了電燈，大聲說了一連串的中國話，詹森那時還沒有十分清醒，只聽懂他說：「有人打電話來立刻要和您講話！」詹森急忙跑下樓去，拿起電話筒，發現是張學良的美國顧問唐納打來的。唐說：「日本人占據了瀋陽，當晚十點鐘發生的。」說完就掛上了電話。

四點鐘時詹森打電話給東京美使館告訴美駐日大使這消息。一面再等證實。下午兩點他打通了駐瀋陽美總領事才證明日本人眞的占據了瀋陽，並且呑沒了安東，炸燬了南滿鐵路，反誣是中國軍隊所爲，又以此藉口進攻東北四省，占據了政治經濟和文化中心。駐朝鮮的日軍也越過了邊界支援關東軍。國民政府當時堅守「先安內再攘外」的政策使日本在十九日又侵占了吉林、黑龍江等省，整個東北地區都淪入其手。

一九三五年羅斯福總統升詹森爲大使。他成爲美國駐華第一任特命全權大使，展開了中美邦交的密切友誼。他雖然處處爲美國在華之權利著想，但也不遺餘力的維護中國的利益與安危，尤其是日俄不斷的侵略我國，奪我領土，占我地利。中國民族主義愛國心高漲反對列強侵我主權。美國遠東政策在一九二五至一九四一這十六年中對中國的美國重要人物就是詹森。

一九三六年十二月十三日，張學良與楊虎城在西安劫持了蔣委員長，幸得周恩來發電給毛澤東提出「保蔣安全」，抵西安後又勸張楊釋放蔣公。當蔣公在黃埔軍校做校長時，周恩來任該校政治部副主任，又以國民黨身分取得赴歐晉修，留學法德。他對蔣校長有感恩知遇之心(這心情也曾透露過給魯斯夫人)。周是中共領袖中頗重感情之人，在委員長蒙難之時充分表現。他終於說服張楊，委員長得以平安返回南京。

這是詹森任駐華大使期間發生的一樁大事。

詹森是一位愛國者，對國家的利害非常關心，也是中國的好友，是以他需要一種方法使兩全其美。美國對中國的基本政策是盡力提高中國的地位，防止他國的侵略。詹森認為美國應擔任更大的領導地位，要超出其他的國家，他最大的責任是規劃一條充分的、大度的方針。

日本不斷的擴大駐紮在中國領土上的武裝勢力，造成了雙方劍拔弩張的情勢。日本元老重光葵說：「日本在華造成一種情勢，非引起兩國戰爭不能解決。一九三三年的塘沽協定等於中國默認了偽滿洲國和日本占領東三省，也喪失了華北主權，還威脅了西方國家在中國的權力。一九三四年美國強調重整軍備。詹森不斷的報告中日戰爭的情況，希望有助於美國救援中國的決心和對日本經濟制裁的準備，可是美國不願捲入中日戰爭。不幸的是他的請求得到接受時，一切都太晚了。

中華民國在內有武裝反對黨，外無一國伸出援手，軍備不足，幾無空軍之情勢下單獨抵抗精兵利甲的日本，雖不免節節敗退卻也誘得日軍在中國「泥足深陷」。一九三七年十二月，政府不得不離開已奠都十年的南京赴漢口。詹森也帶了館員隨遷，留下兩位館員駐守和一艘砲艦帕奈號(Panay)以備保僑及撤僑之用。

十二月十二日星期日，詹森接到報告說與帕奈號電信中斷，他急忙試與一英艦 Bee 訊問帕奈號的下落，直到傍晚才得到消息說那艘英艦已遭日軍砲火攻擊，詹森更加焦急，立刻把這樁事報告華盛頓。星期一，十二月十三日，帕奈號被日機炸沉的消息已轟動世界。美國務卿賀爾向日本提出嚴重抗議，要求道歉與賠償，並且要他們保障在中國的美僑與資產。

美國駐日大使格魯 Joseph C. Grew 不但沒有收到日本政府正式道歉，軍方還分辨說日本轟炸機沒有看見帕奈號船身漆有美國國號因此誤炸。美國海軍部聲明：「所有美國的軍艦都插著很大的美國國旗，豈有看不見之可能！」

日本老百姓也紛紛投函給美駐日大使格魯表示歉意，但沒有一人向駐華美大使詹森致歉！最使詹森氣憤的是一般美國人對此無理之襲擊反應冷漠，且有人說：「首先我們的砲艦停泊在揚子江上有何貴幹？」

雖然美國表面上對此事容忍，但卻也深深的受到警惕，決心懲罰這毫無忌憚廝虐屠殺的日本軍閥！

一九三八年夏日日機狂炸漢口，迫使我國政府遷至六百里上游的重慶。當年八月美大使及使館全體人員也隨行。

當此時歐戰的情況也使美大使詹森感到世界和平是一致的，歐亞不分的。他開始提醒美國，如欲敉平全球戰亂，必需要也撲滅日本這東方燎原之火。他這話說得適逢其時。一九三九年初日本開始與德義結交締盟，於是戰局更加堡壘分明。是年七月，美國取消了一九一一年與日本締結的貿易與航運的契約。七月二十六日禁止汽油及廢鐵與鋼銷售給日本，並勸英國開放滇緬公路。之後又開始相當大量的援助給中國。

一九三九至四〇年之間詹森不斷的請求美國實踐對中國經常的需求。一九四〇年五月，中國爲穩定貨幣需要美國協助，詹森立即請求國務卿賀爾以中國正爲民主自由而戰值得援助。三年來軍備不足的中國獨力抵抗強敵，除近日得美協助並無一國援手，已陷財殫力盡之際，如美援不繼則恐怕只有求助於蘇聯了！

詹森那時已預料到目前中國國共兩黨面對強敵尚能相安，一旦對日危機消失則不免爭取內鬨。不幸言中！

一九三八年八月清晨，詹森到了重慶。他把使館安置在以前標準石油公司的二樓。那是一所老舊的四層樓，三樓是美大使館武官辦事處。底樓住的是停在揚子江的一個商船的船員。兩旁一邊是工廠，另一邊是礦場。大使官邸是一所小平房，在水平線四百呎高之地。這樣荒嘈雜之所實不適於作大使官邸及使館之用，但也無法選擇。

詹森爲了戰亂把家眷留在美國不敢接來團聚。在這陌生的山地沒有知己的朋友，他過著非常枯躁與無聊的生活。尤其是夏季高溫達到華氏一百度，還要日以繼夜的，有時一連數日夜的奔波於這酷熱如煉獄的辦公室與暗無天日悶熱難以呼吸的防空洞之間，更使他難以忍受的是思念久未見面的家人，飽嘗孤獨生活之苦。尤其眼看著中國善良的老百姓，愛國的、勇敢的無怨無尤的忍受這人間地獄之苦。而他肩負唯一拯救中國於災難之中的美國代表，卻無能爲力。他百感交集，數次申請他調。一九四一年五月十四日，國務院終於答應他與美國駐澳洲公使高斯對調。

詹森夫人珍貝克(Jane T. Beck)

一九七一年筆者外子沈劍虹奉派爲中國駐美大使。他負有任務先行，留下我屏當一切。我到華府的第二天清晨，胡旭光公使夫人楊錦鍾親自開車帶我去「中國午餐會」(China Fiffin Club)。該會會員必需要在中國住過兩年以上才有資格加入。其實她們有的出生在中國，也有居住了幾十年的。其中有一位說道地的上海話比我說的還標準。我到達時發現全體會員都已在北京樓飯店門口來歡迎我。爲首的就是美駐華第一任全權大使耐爾遜詹森夫人。

她立刻上前擁抱我，我也很親熱的還禮。接著每一位會員都和我像多年不見的老友一樣把臂言歡。我感到溫暖、愉快與興奮，把旅途的疲勞全忘了。

詹森夫人和我好像天生有緣，時常請我到她家中用餐，而且每次都是她自任烹調，還把她珍藏的中國古董瓷器用作餐具，使我和其他的友人不得不小心翼翼的生怕弄損。每道菜吃完總不免把碗碟翻過來看是那一個朝代的。主人不但不怪反而覺得高興，認爲我們識貨。

詹森夫人還有一本小畫冊，上面畫的是北京街頭叫賣的各式各樣的小販，還配了一卷錄音帶錄出各具一格的吆喝之聲，非常逗趣，我們這些客人眞是百聞不厭。

中國午餐會出版了一本紀念冊，上面登著一篇詹森夫人的〈回憶中國〉。她說，在一九三一年她和兄長一同作環球旅行，到了天津時，見了那時在天津作總領事的詹森，當時她還是待字的珍見克小姐(Miss Jane T. Beck)。這位總領事一見鍾情，珍也爲他放棄了世界之旅。他倆在中國國慶日：十月十日(一九三一年)結婚。蜜月旅行是去山東。他們登上了泰山，也訪問了孔夫子的家鄉曲阜。他們的一兒一女——小耐爾遜和他的妹妹貝娣都出生在北京。現在她已有四位孫兒女。詹森夫人對中國文化歷史都非常喜愛。她稱讚她的丈夫詹森是一位非常好的教師，對中國文藝有深刻的鑑識和研究。

詹森夫人記得，在一九三七年因中國戰亂不得不攜帶子女離華回美時，蔣委員長及夫人請他們夫婦在官邸用餐，臨行時親自送他們到門口向她說：「一路平安。」

詹森。

17 ◎ 詹森(Nelson T. Johnson)　美駐華第一任大使

詹森。

美國婦女在中國。（右為美第一任駐華大使詹森夫人，左為譚紹華夫人，中為作者）

作者與詹森夫人寒暄。

19 ◎ 詹森(Nelson T. Johnson)　美駐華第一任大使

由左至右：詹森夫人珍貝克抱女兒「貝娣」，詹森大使抱兒子小耐爾遜「耐比」。

年輕時的詹森夫人。

克拉任斯高斯(Clarence Gauss)

美駐華第二任大使

克拉任斯高斯一八八七年一月十二日生於美京華盛頓，堪耐蒂克州人。父賀門高斯(Herman Gauss)任職國務院福利部門四十五年標準公務員，共和黨人。母安密利艾森(Emillie julia Eisenman)。

高斯受其父之影響對從政工作頗感興趣。一九〇三年畢業於一公立高中後，服務於一家私人律師事務所爲速記員，也曾爲眾議院附屬之殘障撫恤機構工作。一九〇六年他開始進入國務院實習。

高斯在國務院的表現可能不錯，僅一年國務院就派他去中國在上海作副領事。一九〇九年將他召回華盛頓再度接受外交官訓練。看來美外交部對高斯，一位僅俱高中學歷的學生頗具青睞。高斯通過外交官特考後於一九一三年又回到上海繼任原職至一九一七年。一九一六年他結識路易絲巴客小姐(Rebecca Barker)於日本橫濱舉行婚禮，生有一子。

高斯服務於外交界，除了在國務院實習兩年（一九三一—三三），巴黎使領爲領事一年（一九三五）及駐澳洲公使一年（一九四〇）之外，其他的二十五年都消磨在中國。計在天津（一九二四—二六，一九二七—三一）；澳門（一九一六—一九）；濟南（一九一九—二三）；瀋陽（一九二三—二四）；上海（升總領事一九二六—二七；一九三五—四〇）；北京（一九三三—三五）；重慶（升大使，一九四一—四四）。

克拉任斯高斯於一九四一年來華繼耐爾遜詹森爲美駐華第二任大使，他之所以得到這中美之間最重要的任命，完全是因爲他是中國通，具實他在中國那段時期是北洋軍閥爭權奪利；日本帝國主義侵略東北華北甚至想呑沒中國的危機；俄國蠶食中俄四千五百英里邊界慫恿外蒙獨立最動盪不安的時期，但也是革命初期志士們奮發圖強不惜捨命雪恥的時代。高斯和作蔣委員長參謀長的史迪威那時都在中國，他們所看到的都是些負面的現象——戰亂，貧苦，和一些不良份子趁火打劫所作所爲，卻對忠心愛國的烈士，冒槍林彈雨的士兵，忍受千艱百難茹苦含辛的老百姓視若無睹漠不關心。高斯和史迪威非但不勸那時唯一可以挽救中國於水深火熱的美國政府對華援助，反而建議一切美援都要有條件限制，而且要強迫中國政府除非改善政治與社會容納一切，否則停止軍經援助。幸虧華府也感到不妥，經常批駁了高斯這些不合情理的要求與建議。

高斯與史迪威對中國元首與政府看法相同。他們認爲國民政府遲早會垮台。高斯對委員長還算保持形式上的禮貌，但對中國官員們非常冷漠，也不與中國人士交往，他認為在中國那段時光是他外交生涯中最失敗的一段。他時常稱病回國休養，有很長方時間把外交方面的任務交給他手下三位「約翰」——約翰戴維斯、約翰謝偉志、約翰文森，那幫人在無主的狀況下，他們為所欲為(後來這三位全被調到史迪威帳下)。他們直接給國務院報告，頗受國務院重視，高斯並不以為意。他不承擔責任，也沒有加以控制，那幫人還時常對軍事團體加以干預，高思反認為他們的工作頗有政治意義，有些報告經過大使手時，他僅負責轉呈上去，偶爾還加上幾句贊同的評語。

羅斯福總統也感覺到美駐華大使館顢頇疏忽，所以他有時會用他的私人代表或朋友如亨利賀普金斯(Henry Hopkims)或是中國友人宋子文、孔祥熙來和委員長商議重要的事而不是經過高斯大使；對軍事方面的事則透過史迪威或其他軍官，連與大使商量也沒有。國務院也倚重三位「約翰」來傳遞消息。他們三位思想偏激常作一連串不利於我國的報導。當時美駐華大使館已淪為一個無關重要的執行中美關係的機構。

高大使是一位粗心大意，容易發脾氣而時常猜忌的人。一九四四年八月羅斯福總統派赫爾利去中國為他私人代表。赫爾利到重慶後高斯立刻認為赫的出現是準備取代他的職位。赫也看出高的懷疑，於是不斷的安慰高，對他說自己對駐華大使毫無興趣，羅斯福曾經要他去出使蘇俄，他立刻推辭。他之所以被派到中國來是專門為總統辦此要事。

那位大使在言行上仍露出不愉之色，讓赫很不高興，還好赫有幽默感，喜歡用說笑話來打破僵局，他尤其愛講些西部牛仔的故事。有一次他對那見到他便拉長面孔的高斯講了一個印第安區內的故事。

「有那麼一天的晚上，一位初來印第安區的人到一家理髮店去理髮，那家店設在一所嘈雜混亂酒店的後面，當他躺下來準備刮鬍子時，忽然一顆顆子彈由他頭上呼嘯而過。他嚇得坐了起來準備逃走。那理髮匠，一位久經這種陣仗的老手，用手肘把那嚇得面無人色的客人輕輕的按倒，安慰他說：「躺下罷，沒有人想射死你！」

高斯顯然未領悟到這故事的寓意！

高斯久已不安於位。一九四四年十一月二十六日奉召返國。一九四五年自外交界退休。

雖然赫爾利在參院告發高斯庇護干預中國內政的三位「約翰」，國務院仍贈高斯以維護和平之獎章。

赫爾利(Patric Hurley)

美駐華第三任大使

羅尤其欣賞在一九四二年赫初次與史大林會面，發生數小時的辯論後贏得勝利。史大林說不過他，終於在軍事方面做了很大的讓步。總統得知後高興的說：「派特的勝利等於我的成就。」……

一八六七年一位反英政府成了通緝犯的愛爾蘭青年——皮爾斯赫爾利——逃到了美國，先在德克薩斯州落腳取得美國公民身分。他雖窮途落魄但長得很帥，有愛爾蘭人特具的魅力，尤其是笑起來很是迷人。很快的贏得了美麗賢淑比他小十餘歲的瑪利凱利爲妻。瑪利勤儉持家，是一位道地的拓荒婦女。皮爾斯成家後作了自耕農，那時德州每畝地只要一角錢，但連年苦旱仍不能生活。於是他帶了妻子和兩女一男去到印第安保留地奧克拉荷馬。「奧克拉」印語是「人民」之意，「荷馬」是紅色——即紅人之地。

奧克拉荷馬在美國中南，北接科羅拉多和堪薩斯州，東界密蘇里及阿肯色州，南隔雷德河與德克薩斯州相望。那片地原為法國所有，取名路易西安納(即路易「十四」所有)。一八〇三年拿破崙把這片八十三萬八千平方里的土地賣給了美國，每畝只合四分錢。美總統傑弗遜還嫌太貴。他說他想要的僅是紐奧連市。

的確，那時除了紐奧連——當時全美第二大港口，其他的地方全是未開發的原始地，只有成群的犛牛與野馬奔馳。一八三〇年通過印地安移民法建為保留地，又把東部印第安部落移居此地。

一八八〇年已有六十多個紅印人部落在此定居。在保留地內白人不准買地，沒有投票權也不能在當地任公職，而且一定要遵守印第安人的生活方式，自然很少白人居此。但這一小撮白人很能互相幫助。他們合力為赫家蓋了一所木屋。皮爾斯租了酋長小木(Chief Small Wood)的地，仍作自耕農。災禍緊隨著這家可憐的移民，一場回祿把木屋燒燬，皮爾斯只得改行去作煤礦工人，由於他是生手工資少得可憐。

一八八三年一月八日，赫家第四個孩子派特生於喬克托區一所與另一家人分居的木屋內。印第安人在傑克遜總統任內曾受到一些不平等的待遇，對白人相當仇視。白人在當地過著粗獷暴力的生活，要用打鬥來解決一切紛爭。那兒沒有學校，瑪利只得借些舊雜誌來教孩子們認字。她上山砍柴時也帶著子女，教他們認識鳥獸草木之名。她發現那瘦長的派特求知慾非常強也格外聰明。她感到這孩子與眾不同，認定他不會被粗獷的生活壓倒。

瑪利無論如何竭心盡力，那微薄的礦工工資仍不能使一家溫飽！她日漸虛弱，生到第八個女兒後第六天，她與嬰兒一同逝世。不久第七個女兒又被流彈打死。更不幸的是皮爾斯在馴野馬時被踢成重傷，成了殘廢。大兒子離家去外埠謀生，兩個大女兒進了修道院，一家的重擔落在十三歲的小派特身上。他承父業白天去煤礦場工作，每日九個半小時，因他未成年工資只有七角半。晚上去馴馬，小小年紀已學會了用鞭子來套馬頭的本領。別的童工一有空便去玩耍，唯獨派特一有時間便讀書。酋長小木非常喜歡這紅頭髮的白種孩子。赫家距小木的大宅近在咫尺。那兒時常有紅白人物出入。當他們舉行會議時，小派特一有機會便去坐在暗角裡靜靜的觀察和聆聽，如此吸收了很多常識和辯論的技巧。小木還許他到他書房看書。有一次小木出外旅行，帶回來一雙小皮靴送給派特，他如獲至寶一直珍藏著。

派特十五歲那年聽說泰第羅斯福(老羅斯福)在組織「鐵騎隊」(Rough Riders)，他決定從軍。他是從小在馬背上長大的，騎術驚人，立刻被選中。派特長得高大，謊稱自己十八歲，但主考官發現他只有十五歲時，摸了摸他的頭說：「孩子下次再來。」這事傳到老羅斯福耳中，很欣賞小派特的勇氣，留下了印象。數年後派特大學畢業，泰第已作了總統，他去求見希望能爲國服務。總統說：「你現在還沒有經驗，得到一個小小的一官半職，每天看報聊天會喪失你的志氣。不如先去闖一個名堂出來再來。」派特說：「在印第安區要出名，唯一的方法就是拿槍打死一個人。」總統也笑了。那次派特雖沒有得到任何職位，但獲得了總統親頒的鐵騎隊永久會員的獎章。

就在派特十五歲從軍不成那年，有一位蘇格蘭人湯姆格來特雷在印第安區開了一間夜校，派特立刻去報名。那是他第一次正式入學。學生多半是小礦工和小牧童。在一個極其寒冷的夜晚，湯姆校長和派特——那最後離校的學生——一同步行返家。湯姆說：「派特，我教過那麼多年的書，從來沒有見過像你那樣奮發圖強的孩子。你有一個非常敏銳的頭腦，一個過目不忘的記憶力，你會成爲一個非常成功的人。」這番話使派特更證實了自己的能力，他決心要到外面去闖世界。

一九〇八年派特二十二歲畢業於國家大學法學院；二十五歲得到喬治華盛頓大學法學博士。一九一一年任印第安區法院助理，後升爲院長兼任律師公會會長。一九二九年他三十一歲，組織了美國全國商會。那時奧克拉荷馬州已成爲居全國第四位的產石油地區，油井達九千多個，已是個富饒之鄉。

一九一四年到一九一七年，第一次世界大戰派特以戰功獲得優異獎。一九一八年赴法國作了希斯將軍的助手。

一九一九年他回到奧克拉荷馬，在一個化裝舞會中遇見了大西洋艦隊司令海軍上將亨利威爾遜的女兒露絲，那晚她飾月神黛安娜，明艷照人，派特對他一同赴會的朋友說：「我一定要娶到這位姑娘。」數月後他果然如願以償，在當年十二月五日這位神采出眾的牛郎終於娶到了月神，作了威爾遜上將的女婿。

一九二九年派特已四十六歲，他在一個國際糧食會議上認識了胡佛。胡佛競選總統時他大力助選成功，被聘爲陸軍部副部長，不久陸軍部長詹姆士古德逝世，他就升爲部長。派特赫爾利(Patrick J. Hurley)部長身高六呎二吋，器宇軒昂，雖爲軍人，但儒雅溫文，和顏悅色，富親和力，有幽默感，加上口才便給，在任何場合均能適應。他的名言是：「如果你要人家喜歡你，你先要喜歡人家。」他一生的成就不愧是一位文武雙全兼軍事外交的長才。他的好友威爾羅吉士(Will Rogers)是當時出名的牛仔明星，但體格不如派特魁梧。以派特的馬上神術及他的魅力與風度，如在影劇界發展可能更爲出名。

胡佛與弗蘭克林羅斯福競選總統時，赫爾利仍是挺胡的大將，並嚴厲的批評羅的新經濟政策。羅當選後出乎所有人的意外，很快的便聘赫爾利爲他的私人代表，以這樣崇高的身分走訪二十餘個國家，都能直接與各該國的元首們會談，供給總統無數獨特的建議。在國際間交了很多朋友，讓美國受益良多。在羅斯福十二年的總統任期內寵信不衰，時常公開的誇獎他：

赫爾利是我知道唯一可以使邱吉爾停止發言傾耳恭聽的人。

只有兩個人知道派特和我的關係——一個是我，一個是派特。

羅尤其欣賞在一九四二年赫初次與史大林會面，發生數小時的辯論後贏得勝利。史大林說不過他，終於在軍事方面做了很大的讓步。臨別時史大林通過譯員對赫說：「你眞是一個難纏的小傢伙！」

總統得知後高興的說：「派特的勝利等於我的成就。」

那年赫又被派去中東見伊朗王及其內閣。伊王述及英俄爲爭奪他國內產的石油，造謠說伊王親納粹，兩面夾攻，控制了伊國的經濟與交通，使全國癱瘓，老弱婦孺常因饑寒倒斃街頭。赫造訪時正値十一月嚴冬，凍死者比比皆是。

赫爾利勸伊朗王加入聯合國軍隊，一同攻打軸心國家，如此可以保證伊國未來自主與土地完整。伊王亦信以爲然，聽從了赫的忠告。赫又訪埃及、敘利亞、黎巴嫩、伊拉克、巴勒斯坦、沙烏地阿拉伯等其他阿拉伯國家，勸他們加入盟國。一時多國望風景從。赫回華府後獲得獎狀也得到了埃及頒的勳章。

赫爾利對猶太民主主義者要在巴勒斯坦境內建立猶太國之議頗爲擔心，認爲可能引起不斷的種族血拚，使整個中東動盪不安。他的意見未爲重視，卻引起了親猶官員的詆毀。並時常收到恐嚇信。幸而總統與賀爾國務卿對他信任不衰，時常召見長談。赫始終憂心後巴勒斯坦將發生嚴重糾紛。

一九四三年十一月，盟國決定在德黑蘭(伊朗)開會，羅斯福很想見到我國蔣委員長，開一個四強會議，包括中、美、英、俄。困難的是俄國與日本訂有互不侵犯條約，還處處想討好日本，他們怕與中國首長見面引起日本誤會。另一方面蔣委員長堅決反共，可能也不願與史討論太平洋戰略。爲了解決這問題，羅斯福想出一個方法，就是開兩次會——第一次討論太平洋問題，由中、英、美參加；第二次討論歐洲問題，由四個盟國——英、美、俄、中(那時中國已對德宣戰)一起參加，但不知委員長是否同意，要知道他對美國太平洋戰略的看法。他派赫爾利去中國見委員長。

一九四三年十月底，赫啓程經巴格達、波斯灣，在沙烏地又與掃德王見面，商談阿拉伯與美國合作組織石油公司之事。然後飛印度在新德里見到了蒙巴頓爵士(英駐印司令)。蒙巴頓很擔心中國會鼓勵印度、緬甸及馬來西亞的民族主義對英仇視，他請赫將此意轉告羅斯福總統，赫也說盟國之間的政治問題超過軍事問題。十一月七日赫飛重慶。

赫見到委員長後提出羅斯福總統的問題。委員長說他感到日俄已簽訂合約互不侵犯，在這種情形下與史會談不具任何意義。但他希望羅斯福與邱吉爾在和史大林會面之前與他會談，將來如史大林同意打日本，他也願與之合作。委員長對美國太平洋戰略很滿意，認爲先攻日本外島是正確的。這戰略可使美軍早登中國大陸，把日本人完全驅出。那次是委員長與赫特使第一次見面，對赫的印象頗佳，有儒將之風，彬彬有禮，比起美國派來做他參謀長的史迪威有天壤之別。史驕恣桀驁，脾氣尖酸，人稱之醋喬(Vinegar Joe)。

委員長任盟國中國戰區最高統帥後，美國派來史迪威做他的參謀長。史曾在一九二〇至二三年在北京語言學校習中文；一九二九年曾與馬歇爾同在賓寧軍校任職，交誼匪淺；一九三五至三九年任北京美使館武官，被認爲是中國通。一九四二年二月十五日奉命來遠東，擔任委員長之參謀長兼中印緬區美軍司令及美租借法案之主持人，大權在握，趾高氣揚，目中無人。三月十一日他進入緬甸，取得中國抗日遠征軍之領導權。當時日軍直下馬來、菲律賓，在四月二十九日攻入緬甸，切斷史迪威退到中國的後路，史敗下陣來。他手下有十萬中國精銳的遠征軍都被拋下不管，只帶了二十六名美軍人、十三名英軍人、十六個中國軍人及一些緬甸護士、印度廚師及技工與少數百姓在緬甸森林中徒步走了三千一百四十英里到了印度。史的這場敗仗帶給我國一連串的禍害，損失無數重武器，切斷了經仰光的水路運輸，一切軍需及外援物資只能飛越喜馬拉雅山的駝峰由空中輸入。史不但不承認自己的錯誤，反而把失敗的責任全歸咎遠在重慶的蔣委員長。史瘋狂的要雪恥，還要調動我國駐雲南及印度受過美國軍事訓練的精兵去緬甸叢林打毫無把握的戰爭。委員長自然不允，何況那時日本兵分三路攻向我空軍基地，直驅重慶，我戰時首都危在旦夕。同時英國也不贊成攻緬，美國不能立即答應空援。史迪威把所有反對攻緬的人都罵成狗仔(S.O.B.)。他爲了報復，扣押援華軍器及物資，連十四航空隊急需的汽油也拒絕供給。委員長忍無可忍，向羅斯福總統提出緊急救援。羅派副總統華來士及拉鐵莫爾(美軍新聞處處長)到重慶了解狀況。

委員長對華來士說，史迪威擅自扣押援華軍需，特別是空軍需要的汽油。並強迫把指揮所有中國軍隊的全權交給他。委員長之所以不能答應，並不是因史對他個人傲慢無禮，而是不信任史的軍事判斷。

華來士回國後，請羅斯福總統改派大員赴華。馬歇爾不同意撤換史迪威。

史迪威在我國軍閥割據時代曾來華習華語，後並任武官。大凡那個時期來華的美籍政軍人士多對中國有兩種觀念——一種是對中國文化、歷史和心情世故明瞭欣賞，因而遇事則和衷共濟，富有好感；另一種是看到中國不衛生的習慣、軍閥的鬥爭、政治不安、社會紊亂因而輕視中國一切作為。認為事事不如美國，不屑合作。馬歇爾、史迪威及高斯大使(繼詹森大使為美駐華第二任大使)均屬後者，史迪威不但藐視甚至仇視我國元首，這和他下由國務院派來三位官員有關。很湊巧他們三位的名字全是「約翰」——約翰戴維斯、約翰謝偉志和約翰文森。他們思想偏激、行為乖張，時常直接向國務院作一連串不利於我政府的報導。史迪威也深受他們的影響。

一九四四年八月羅斯福又派赫爾利去中國。臨行時對赫說：「你將是我的私人代表。你所有的報告都直接給我。你主要的任務是促成史迪威與蔣委員長合作，把中國的軍權交給史迪威統領。你要告訴委員長，美國政府支持他及中國政府，美國不供應軍需物品給中共，除非他們歸順國民政府及蔣委員長。」

八月三十一日赫爾利與唐納耐而遜（後者任中國政府經濟顧問）在赴中國途中經過莫斯科，夥同美駐蘇大使哈里曼見到了外長莫羅托夫。

莫對他們說：「蘇聯被冤枉認爲當負責近來在中國發生的事（指國共不和）。其實只是中國有些地方的老百姓很窮苦，他們對經濟狀況不滿而自稱爲共產黨，其實和共產黨毫無關係。他們生活改善後就會把這種政治傾向忘記。俄國和那些自稱爲共黨分子沒有關連，不應因之受責。解決這情況的辦法是叫中國政府改善人民生活。」他最後說：「蘇聯很高興美國協助中國統一，改善軍事與經濟情況，選出最佳人選來負責。」

赫爾利再度見到委員長時，他報告說羅斯福總統極力支持委員長及國民政府，並希望共軍亦歸蔣公麾下統一力量以抗日。又說美國贊成一個自由、強壯、民主的中國成爲戰後亞洲安定與優勢的力量。

委員長對赫言談中的鼓勵非常高興，對赫說：「要有一個長期計畫的政治觀察比貿然從事軍事行動爲重要。」

那次會晤，委員長對赫特使的熱誠豪爽頗爲欣賞。赫也傾慕委員長的風度與睿智。彼此都留下更良好的印象。

赫向羅斯福報告，認爲蔣委員長是美國眞正的朋友。美國應予中國更多的援助，如此可阻止內戰。

羅斯福對赫爾越來越信任。他對李海海軍上將說：我需要像派特那樣的人，一位我可以相信的人，那些在國務院的職業外交官有大半時間不知道他們是否可靠。

但是赫爾利未協調蔣、史之間的衝突。史把蔣公恨入骨髓，非讓他跨台不足以消其忿。一九四四年九月馬歇爾隨羅斯福在魁北克與史大林、邱吉爾開會時，收到了史迪威的一封急電，說委員長不同意他指揮所有的中國軍隊，並且要把在緬甸的中國遠征軍調回。電文中竟罵蔣委員長愚笨，和他半小時的談話是瞎扯，把我們的領袖叫作瘋狂的小雜種。馬歇爾與史私交甚好，又曾受到史一連串的毀謗委員長的信所影響，讀了史的電報勃然大怒，擬了一封措辭強硬幾近粗魯的最後通牒給委員長，還請羅斯福總統在信上簽字。羅一向對馬非常信任，毫不猶疑的簽了字。那封信還附著一道命令叫史迪威親自送呈委員長。

那信到了重慶，史迪威讀後大喜。他在日記上寫道：「在我生命的日曆上用紅筆來紀念這日子。終於等到羅斯福說了些明白的話，而且說得夠多，每句都有火藥。」

那封信要委員長：一、增強中國在緬遠征軍，強迫他們去攻打由陸地通入中國的道路；二、封史迪威爲統一所有中國軍隊的總司令。如果蔣不如此做則會失去大好時機，那麼他要對這結局負起個人的責任。除非以果斷的行動賦史以指揮中國軍隊之全權，中國長年抗戰與美國的努力將全部喪失。那信的結尾說：「我們在此地（魁北克）很清楚如果再耽擱，所有你們和我們救中國的努力就要白費了。」

九月十九日上午，赫爾利正在和委員長與中國軍政首長們開會時，史迪威到了，使人通知要求見赫。

委員長說：「請史將軍進來，歡迎他參加會議。」史著人回話他要單獨見赫。赫見到他後兩人坐在走廊的椅子上。史說他接到總統一封信要他親自送呈蔣委員長。雖然馬歇爾曾指示一切與蔣討論的事，先要就商於赫爾利，但是這信形同最後通牒，馬要他親自送上。

赫爾利看了這封信，認為沒有一國的元首會忍受這封信的侮辱。他告訴史說：「在今天上午會議中，蔣已同意派史指揮中國軍隊的戰區司令。現在只等著委員會的書面委任，何不先口頭答應委員長的委諾，再遞此信？」但史不肯接受勸告，他說：「不，總統要我親自把這封信交給『花生』（史背後對委員長詆毀的稱呼）。」

赫與史回到集會的場合。上了茶。史說：「美總統有一封信給委員長。」說著便把信交給了朱世民將軍。赫爾利立刻走上前去把那封信由朱將軍手中拿下，因為他要保全委員長不致被那封無禮的信公開讀出來而受辱。赫說：「對不起，這封信附有中譯文，委員長自己看可以節省時間。」

委員長看了這封信，面不改色，只是簡單說的說：「我明白了。」一時滿室沉寂沒有一個人有動作。之後蔣把茶杯的蓋翻轉來。

史迪威用中文說：「這是不是意思說會議已結束了？」有人回答說：「是！」兩位美國人離開了會場，史迪威邊走邊說他希望赫不要介意他越級呈上了總統的信。赫對史的粗魯無禮感到驚訝。他很嚴肅的說：「這件事鬧大了，可能導致嚴重的後果。越級這樁事，微不足道。我毫不在意。」

可是史迪威並不覺得大禍臨頭。他高興萬分，在日記上寫道：「我遞給了『花生』一顆大炮仗，之後我就可以高枕無憂了！」

當晚赫爾利與委員長一起晚餐。蔣談到白天的事，只冷淡的說了一句：「與史迪威決裂的時間到了！」他認爲一定是史要求羅斯福向他下的最後通牒。離去之前赫要求委員長在作決策之前三思而行。蔣說：「史迪威在中國一天就沒有商量的餘地。」

史迪威一直想要委員長垮台。在他無數次向上級報告中都充滿了毀謗中國元首之辭。還時時作些歪詩來誣衊蔣。但當他知道委員長決定要他離職時，立刻改變了態度，並且答應親自去延安勸毛澤東把兵權交給委員長，還答應蔣有支配美援的全權以及撤回中國派去緬甸的遠征軍。赫知道史屈服的眞意後，立刻去見委員長說：「史迪威已決定讓步。」但委員長已下定決心非請史離華不可。赫只好對史說：「太晚了！」

九月二十五日委員長回信給羅斯福說：「我答應用一位美國軍官來統率中美部隊及陸空

軍抗日，並且答應更換任何官員以促成與美國統帥之和諧，但是我不能將此重任給史迪威而堅持他辭去中國戰場統帥之職。如果美方不答應，我寧可不要美援而自立抗戰，甚至不惜撤退到山林中繼續抗日。」

羅斯福收到委員長的回信，對馬歇爾說：「史將軍無疑是錯的。應付蔣介石將軍豈可用強梁的語言。蔣介石是元首兼大元帥，你們卻把他當軍閥看待！」羅後悔前一封信太失禮，決定親自回信說：

中國的情況惡化，美國還是不要擔負指揮中國軍隊的責任。建議：

一、史迪威只負責在緬的軍隊；

二、另派人代替史管理租借法案；

三、蘇魯丹將軍、美國駐印指揮官，負責管理經喜馬拉雅山之軍援物資；

四、陳納德將軍繼續指揮十四航空隊。

當赫爾利呈上此信時，委員長看了不發一言。史迪威是非走不可了！委員長與史迪威之間已陷於不可挽救之僵局。

一九四四年十月十九日史被調回美國。

史迪威離開中國後，一幫美駐華通訊社的記者們爲史打抱不平，對赫亦有微辭，認爲他辜負了總統交給他的使命——協調蔣史之間的衝突。但赫不接受這種說法，他爲自己分辯說：「我們是爲了打敗日本而戰，不是爲史迪威討公道而戰。我認爲我所受的指示是協調委員長與美軍司令之間的關係，不管人員如何調動。」

一九四四年十月三十日東南亞戰區美軍司令魏德邁將軍來華繼史迪威爲蔣公的參謀長。他先飛抵昆明見了飛虎將軍陳納德，交談之下互相傾慕。第二天繼飛重慶見到委員長。那是他第二次會見這位中國元首。他記得第一次委員長穿的是草綠色的軍服。這次穿的是藍袍黑馬褂更顯得溫文儒雅，笑容和藹可親。魏任委員長參謀長後賓主之間建立了深厚的友誼。

赫爾利要回美時委員長懇切挽留，寫信給羅斯福總統表示希望赫將軍能留在中國作羅總統的長駐代表，「如是可以和我商議有關中美軍事合作的重要問題。比方說我要靠他的協助與中共交涉之事。赫將軍已經著手去談判，勸中共同意把共軍編入正規軍，這對對日抗戰非常重要。他與中共首腦們很談得來。他對人性的認識，對問題的應付都很有特長。作爲您的私人代表具有您的信任。我對赫將軍有完全的信心，確認他對這個不能解決的問題之處理會對我們抗戰極有貢獻。」

一九四四年十一月一日高斯辭職獲准。羅總統命赫繼任。赫因國務院內有很多人反對他的中國政策，不願就職。他認爲仍居軍職比較合適，但羅還是堅持他繼任大使，赫只得應允。

史迪威與高斯曾在華多年，他們被認爲是「中國通」。是處理中美關係的專家。赫爾利比起來是個亞洲生手，但他了解人情，懂得如何與人相處，謙和知理，爽朗熱誠，比起那兩位前任加起來還多。史與高把中國人看成幼稚無知，把中國的領袖看成軍閥，不免招來怨恨。赫爾利的親和力使接近他的人都感到輕鬆愉快，連毛澤東周恩來都對他頗有好感。赫第一次訪延安時，並未事先通知。

毛與周聽說他已飛抵，急忙坐了一輛救護車去接他。赫在車上大唱牛仔歌，並學印第安人的呼嘯，又講笑話。賓主之間頓生好感，增進友誼，爲日後談判得益良多。委員長尤其欣賞赫的豪邁爽直，他成了官邸最受歡迎的周末客人。雖然他講的笑話委員長可能不全懂，但他與高采烈與歡樂的性格吸引了最保守的人。

赫就職大使後說：「我並不想改造中國；我也不會干涉中國的內政，我只要使中國統一繼續抗戰，如此可以保住千萬桶美國人的鮮血。」

一九四四年二月四日羅斯福、邱吉爾與史大林在雅爾達開會。美國爲了促使俄國加入抗日戰爭不惜與俄簽訂密約犧牲我國東北三省之各項主權，答應史大林由日本手中奪回帝俄時代侵占我國之港口及鐵路，並允許外蒙獨立。美英元首居然在這出賣盟友的密約上簽字，更不可思議的是把這密約瞞住中國政府及委員長，連赫爾利大使及麥克阿瑟元帥也蒙在鼓裡。

四個月後才通知我國逼我國與蘇聯簽訂正式和約。美國一向是以正義為基礎的國家，反對獨裁與帝國主義，誰知竟做出了犧牲盟友的事。使我國八年血戰反贏為敗，重陷不平等條約之覆轍！

赫爾利風聞此項密約後與委員長會面。赫建議要俄國合作並實踐前此莫羅托夫所說關於俄國對中共之態度(俄與中共無關，贊成美協助中國統一)。蔣也急於證實俄國的諾言沒有改變。

赫大使於一九四五年二月底回美，先去國務院查問這樁密約，沒有得到任何滿意的答覆。他又去白宮。當他看見羅斯福時大為震驚，整個人好像脫了形。總統伸出他原來強有力的手時，赫發現他只是握到了一把骨頭包在鬆鬆的皮囊內，再仔細一看羅的雙頰僅剩一層皮在貼著，赫一腦要爭論的話全說不出口了！

赫平心靜氣的對總統說他聽到總統與邱吉爾在雅爾達與史大林簽訂密約——這密約將破壞中國的主權。總統矢口否認。三月時赫又去見羅總統終於說服了他，讓赫看雅爾達密約的紀錄。赫認為這密約把美國參加第二次世界大戰的原則一筆勾消！美國有什麼合法的權力來把另一個主權國家的部分土地分割？尤其那國家是一個盟國！

羅斯福終於承認赫的憂慮是正確的。他立刻下令叫赫去倫敦和莫斯科，要求邱吉爾與史大林請他們找出一個方法來改善這出賣我國的密約，讓美國的基本國策得以挽救。

一九四五年四月三日赫爾利在離美返華的途中先去了倫敦與莫斯科。四月四日抵倫敦，五日見到了邱吉爾。赫對英首相說：「大西洋憲章第三條英美兩國同意尊重每個民族都有選擇自己形式政府的權利。並要求被剝奪主權和自治權的民族恢復其權利。」邱說：「聖上(指英帝)選我作首相並不是要我把大不列顛瓦解。簽訂一項協定，一方不得隨意更改。戰後的問題繁多，現在不是討論每項條約細節的時候，美國對華政策是一種妄想！」

赫爾利繼續和邱爭論直到沸點。赫說：「首相不尊重大西洋憲章是為了仍想統治香港。」邱發火說：「英國不受大西洋憲章的約束。要放棄香港除非殺了我(over my dead boby)！」邱與赫吵到後來雙方慢慢平靜下來。邱終於說他重申曾對羅斯福的諾言——支持美國政策把所有中國的軍力全歸於國民政府蔣公領導之下。伊登外相也加上一句，他說：「英國在中國的官員及使節如違背美國政策將被撤回。」

赫遊說英首相的使命總算達到。可惜的是在他由英飛莫斯科的途中聽到羅斯福病逝的消息！

一九四五年四月十五日赫大使與美駐俄大使哈里曼會見了史大林及莫羅托夫。赫重申在一九四四年八月三十一日莫羅托夫所說關於俄國對中共的態度——「俄不支持中共；俄不希望中國內戰或反叛；俄希望與中國建立更友好的關係。」莫也承認他說過這些話。赫又請史大林將俄政府對中國國民政府與中共的關係分析一下。史大林說：「我很明白美國堅持讓中國選他們自己的領袖，達到他們自己的決定，爲他們自己的政策負責。美國支持中國的意願組織一個自由團結的政府，並且全力協助中國統一所有的軍隊。」赫說：「羅斯福總統授權給我與邱吉爾首相商議此事。邱首相及伊登外相完全同意使中國獲得自由的保證，擁護蔣介石爲中國國民政府領袖。」史大林很坦白的說：「蘇維埃政府會支持這策略，」又說：「他很高興與美國合作使中國軍隊統一。」他對蔣介石很稱讚，他說：「雖然中國政府內有些官員貪污，但蔣是個完全無我無私的愛國者。蘇聯也曾與他爲友。」總之史大林對美國的中國政策完全毫無保留的同意。

赫大使回到重慶宣稱美英蘇均同意中國自己解決自己的前途，並支持中國領土完整組織一個民主政府。

赫爾利遊說英俄，並不是希望能一手把雅爾達密約不合理的地方全部抹去，他只是想辦法打開一道可以商榷的餘地，以大西洋憲章爲基礎，來改善密約內不公平的條件。但羅斯福死後新任總統杜魯門對雅爾達密約一無所知，對整個國際情勢也不太清楚；對美國傳統與戰時對華政策也茫然莫測。這時那批支持雅爾達密約的人們更包圍了他。

一九四五年四月二十三日國務卿史坦丁紐斯提醒赫大使說，史大林贊成美國對華政策只是對目前的情形而言，一旦遠東發生戰爭而中國內部尚未和諧，蘇俄會權衡和那一方面合作對俄國在亞洲爲有利，也很可能會改變他的政策。

赫爾利漸漸感到他的努力可能徒勞。

其實那位新總統有機會重新考慮那不合理的雅爾達密約。在他就職兩星期後，陸軍部長史蒂姆斯告訴他四個月後就可以用原子彈來打敵人了，根本不需要蘇俄協助打日本，同時幾位參謀長們建議要重新檢討他們的戰略，認為要俄國參戰是多餘的。

可是杜魯門生怕得罪俄國，不但不想把這蠻橫無理的密約取消，反而支持帝國主義重新在亞洲挖根。

他堅持要把赫爾利赤手空拳為阻止背棄中國的義舉挫敗。

杜魯門為加強對這密約的承諾，立即派約瑟夫戴維斯去英國和已患病的賀普金斯到莫斯科通知邱史說：「杜魯門的立場是所有羅斯福前總統所簽的條約他都會徹底的遵從。」目的就是完全承認雅爾達密約。把赫大使的一切努力摧毀，並畫上了中國大陸易色的藍圖。

在中蘇和約簽訂前我首長曾請求美國向史大林與莫羅托夫證實他們對中華民國口頭上的承諾。國務院回信說：「美國不能被視為中俄之間的和事佬。我們願意協助中國政府，但我們不希望負有顧問的責任。」杜魯門的回信更傲慢無禮：「我要你(指委員長)實行雅爾達密約，但是我沒有叫你作任何讓步。如果你和史大林對雅爾達合約有不同的解釋，你可派宋子文回到莫斯科盡你的力來達成共識。」

誰也意料不到雅爾達和約竟在對我國「百害」中奇蹟的出現「一利」。它「幾乎」促成了國共和談。

赫爾利自來華爲羅總統特使後又任駐華大使以來，竭盡心力希望能促成國共和談。他奔波於延安重慶之間兩邊勸說。毛澤東有時派周恩來與國府談判，當看來可以妥協之時，周忽又拂袖而去。中共態度忽軟忽硬，節外生枝，拖延和談。赫苦思不解他們是何企圖。這問題到了一九四四年才得到答案。竟是他自己的同僚，以三位約翰爲首的集團在幕後播弄阻撓。他們對中共說：「赫大使的主張並不代表美國的政策。」並且瞞著魏德邁私下與中共訂下與美國合作的計畫。當魏德邁在一九四四年十一月去緬甸視察軍情時的空檔密電魏的參謀長，要他安排毛澤東赴華府與羅斯福總統會面，並囑此事絕對保密不能讓中國政府與赫爾利大使知道。

但是他們沒有想到最後還是要經過魏德邁的批准否則不能成行，只好稟報。魏將軍早已風聞那幫人有他們的特殊管道直通國務院及媒體，現在居然瞞著他作違背國策的行爲，立刻發電報給杜總統將三位約翰撤離中國。這樁事發生後，赫爾利才明白中共不可捉摸的態度是那幫人所唆使。

中蘇友好條約將簽訂時，赫爾利給國務院一份報告：「我毫不猶疑中共被重慶與莫斯科的友好條約嚇了。他們漸漸的放棄在初春時所要求的條件。他們要求蔣邀毛澤東親自去重慶和他面談。」一九四五年八月十八日蔣寫信給毛：「我們有很多國內與國際的問題要解決，包括我們國家的福利，請速來一談。」

毛先是拒絕，後來延安傳來消息，說毛之所以不去重慶因爲怕國民政府不能擔保他的安全，赫大使聽說，立刻飛延安請那位共黨頭目同坐一架飛機去重慶，並保證他的安全。毛還是猶疑。他回答說他會叫周恩來先去。如果第一次會談有成功的希望，他自己再去。委員長回信說他歡迎周，但他希望毛會決定一同來。八月二十四日毛說爲了中國的統一與東亞和平，他決定來重慶。何事使毛改變主意？原來那一天正是王世杰與史大林在莫斯科簽訂中蘇友好條約的日子。中蘇友好條約顯然震驚了中共。

中蘇友好條約內，蘇俄保證將給重慶一切道義上與物資上的支持。這一條就把延安所依賴最強的盟友給剝奪了。在那條約公布之前數小時毛澤東先去重慶和談。那是他五十二年以來第一次坐美國飛機，也是他自一九二七年國共分裂後第一次去見蔣委員長。一九四五年八月二十五日毛隨赫大使飛抵重慶。

關於那次會談，委員長在他所著《蘇俄在中國》一書中有詳細的記載——

一九四五年八月二十七日中蘇友好條約簽字之日，同時也重新開始與中共商談和平共存的途徑。自日本宣布投降之後，我三次邀毛澤東到重慶來商談。到了八月二十七日赫爾利大使親往延安次日偕同毛澤東飛重慶。

此後政府代表與中共代表在四十一天之內舉行了五次會談，至十月十日發表〈會談記要〉，其重要事項如下：

關於和平建國的基本方針：

一、抗日戰爭業已勝利結束，和平建國的新階段即將開始，必須共同努力以和平、民主、團結、統一爲基礎，並在蔣主席領導下長期合作，堅決避免內戰，建設獨立自由和富強的新中國。

二、關於政治民主化的問題：

由國民政府召開政治協商會議，邀集各黨派代表及社會賢達協商國是，討論和平建國方案及召開國民大會各項問題。

三、關於國民大會代表，國民大會組織法，選舉法及憲法草案等問題未獲協議，雙方同意提交政治協商會解決。

四、關於軍隊國家化問題：

中共提出政府應整編全國軍隊，確定分區實施計畫，並重劃軍區，確定徵補制度，以謀軍令之統一，在此計畫之下中共願由現有數目縮編爲二十四個至二十個師，並將應整編之部隊移至隴海以北及蘇北皖北集中。政府方面表示全國整編計畫正在進行，對於中共軍隊減縮編爲二十個師可以考慮爲具體計畫本項所述各問題起見，雙方同意組織三人小組進行。

五、關於受降問題：

中共提出重劃受降地區，參加受降工作。政府方面表示，參加受降工作在共軍已接受中央命令之後自可考慮。

兩黨四十天的交涉是在友善與和諧的氣氛下進行。兩黨相信在互相讓步的基礎上，未來的會議一定會有一個圓滿的結局。毛澤東離開重慶時之演說：（《新華日報》十月十日記載）

中國今日只有一條路，就是說：和爲貴，其他一切打算都是錯的。國共兩黨與各派團結一致，不怕困難，在和平、民主、團結、統一的方針下，在蔣主席的領導下，徹底實現三民主義的方針下，一切困難都是可以克服的。

赫大使向國務院報告：

這次和談的成就是在各方分子都預料讓中國分裂互相攻擊的時間結束，使中共與國民政府討論和平時期的合作。合約還要繼續商討。

國共合作初顯曙光，轉瞬間狂風暴雨又至。

蘇俄大使通知我方謂蘇軍決於十月上旬開始自東北撤兵，請我派員於十日以前到長春與馬林諾夫斯基商談接防辦法。東北行營主任熊式輝立刻飛往長春通知馬林洛夫斯基我方決定於十月十日自九龍船運部隊往東北接防。我駐蘇大使傅秉常忽來電謂俄外交部表示「大連爲商港，蘇政府堅決反對任何軍隊在大連登陸」。我軍由美海軍少將巴備負責送至營口又遭俄人禁止登岸。巴少將看見岸上共軍在挖戰壕，只好轉往葫蘆島，竟遭岸上共軍射擊，又不能登陸。最後把我軍送去秦皇島。馬林諾夫斯基知我未能進入東北，又拒絕同意我編組地方團隊及派聯絡員偕同我政府人員往各省市接收。在此情形下共軍輕易占據了瀋陽長春，同時俄盤據外蒙侵入熱河察哈爾。中蘇友好條約立成廢紙！

赫爾利眼看情勢突變。中共已堅信史大林不會支持國民政府及蔣委員長。同時赫又聽說美國對華政策有重大改變，他決定返回美國希望能扭轉劣勢。一九四五年十月十九日離開重慶。委員長託他帶了一封信給杜魯門總統盛讚赫大使謂已贏得中國人民的敬愛。

赫爾利才離開中國兩天，國共和談破裂。

赫爾利抵華府後晉見國務卿及杜魯門總統，要求校正美國對華雙面外交，力主以書面公布支持我政府，重申美之基本原則。他要求開一個超黨派的質詢。他在全國記者協會及民間團體演說批評美外交柔弱造成世界紊亂。目前中國掙扎於生存之邊緣，而杜魯門總統仍怕得罪蘇俄不與援手，三軍部長也怕如支持國民政府抗共，美國會被指爲帝國主義。赫說美國貢獻了財力物力人力打勝了兩次世界大戰，可是每次在戰場上得來的勝利全輸在談判會議的桌上！

杜魯門對赫批評他外交政策的話非常不滿，赫也明知他的建議不會被採納，遞了辭呈。杜魯門對外仍稱赫將回華繼任，但同時又批准了他的辭呈。

一九四五年十一月二十七日赫爾利正式辭去駐華大使之職。

派特赫爾利出生於一個荒村野地沒有自治的政府，沒有自由與公理的地方，十三歲作礦工養家，十五歲才正式入學，但他沒有失去毅力與理想，發奮圖強，憑他的努力、聰明、智慧與熱忱在學業、事業與功業上扶搖直上。受到胡佛與羅斯福總統的寵信與全國最高領袖商討大事；與首相們以忠告；向我國委員長獻策，與獨裁者辯論，給皇帝們作顧問，受到英雄式的崇拜。

一九五六年五月十四日奧克拉荷馬州產煤區的市長訂那天爲赫爾利日，稱他是一位爲故鄉爲國家奉獻了特殊功勞、一位傑出的偉人。他是產煤地方的孩子，他的老家爲他驕傲。

那天麥克阿瑟元帥．艾森豪將軍（一九五三——六一爲美總統）及胡佛前總統均來電祝賀（當赫爾利作陸軍部長時曾提拔麥克阿瑟爲參謀長，專門研究軍器機械化，艾森豪將軍亦曾在赫手下供職）。

51 ◎ 派特赫爾利(Patric Hurley)　美駐華第三任大使

派特赫爾利大使。

前排(由左至右)赫爾利大使、蔣委員長、毛澤東。後排(由左至右)蔣經國、張群、王世杰。

美駐華第三任特命全權大使赫爾利(右一)在重慶向國民政府蔣主席遞到任國書(1945年1月8日)。

53 ◎ 馬歇爾(George Catelt Marshall)　美國杜魯門總統特使

馬歇爾(George Catelt Marshall)

美國杜魯門總統特使

美駐中華民國第三任特命全權大使派特赫爾利促成了分裂幾近二十年的兩黨元首在重慶和談，創造奇蹟。一時赫大使在中國國民的心目中已如日中天；連關切亞洲局勢的國際人士均引爲美談。邱吉爾與史大林是當時舉世聞名的政壇高手，辯論起來所向無敵，也居然被赫大使說服，同意把爲害中華民國主權的雅爾達密約中不合理的地方抹去，並應允支持中國自己解決自己的前途，保證領土完整，兵權統一，組織一個民主政府；也使世人，特別是美國朝野人士，對羅斯福總統臨終前所做的出賣盟友，同時也毀了美國參加第二次世界大戰的原則之雅爾達密約傷害減輕，對赫此舉也讚賞備至。

當赫爾利大使在譽滿天下之際，杜魯門總統卻把他開除了！

杜魯門之被羅斯福總統提拔爲副座，是由於杜在國會中大膽的揭發了軍界舞弊之事，爲羅所激賞。杜自知己短，惶恐得避不見面，直到羅斯福發火要捉他，他才勉強從命。但杜就職後又被投閒置散，位同虛設。羅斯福任何事都不與他共商。羅斯福猝死在他的別墅中消息傳來舉國震驚，最茫然不知所措的是那位即將登上白宮寶座的副總統。第一次閣員會議之後，國防部長史蒂姆遜等所有與會人士都離開，才把美國已發明分裂原子的秘密告訴了這位事事都被蒙在鼓裡的羅斯福的繼承人。那時戰事方殷，史部長認爲這位新手急需惡補，於是請海軍參謀長金恩與陸軍參謀長馬歇爾（那時尚未有獨立的空軍）來爲他作簡報。金恩不善辭令，又瞧不起杜魯門，報告得漫無章法。馬歇爾卻把戰況分析得清清楚楚，述說得有條有理，使杜魯門大爲讚賞。馬也認爲杜魯門雖無帥氣，但不失爲有膽識有原則的人，何況他已是總統，所以對他很恭敬。自此以後那位一直躲在光芒四射神采飛揚的羅總統背後的杜魯門，倏時偶像消失，發現他自己孤零零的站在眾所注目的高台上，他急需一隻有力的手來支撐他——那手就是馬歇爾的，於是他緊緊的把它抓住。馬歇爾日後在他的口述回憶錄中說：「我不是萬能的人，但杜魯門把我所說的話統統奉爲金科玉律，有時使我非常惶恐。」

杜魯門開除了赫爾利雖然出了一口氣，但他想到這樁事定會引起驚濤駭浪把他沖得暈頭轉向，不免慌了手腳。立刻想到求援於他的精神支柱——馬歇爾。

第二次大戰結束後馬歇爾已心力交瘁，決意退休，在維吉尼亞的李斯堡買下一所殖民時代的大宅院，準備享受悠閒的田園之樂。杜魯門雖幾次挽留都被馬堅持拒絕。杜只好答應並且發誓說他不再打擾馬的平靜生活。

誰知不到一個星期杜魯門就反悔了。

馬歇爾剛搬到新家，正在打開箱籠與他第二任妻子凱撒琳一面收拾一面欣賞窗外美景。電話鈴忽然響了！

馬歇爾拿起聽筒，那邊是杜魯門的聲音，一開口就直接了當的問馬歇爾是否願意以他私人特使的身分去中國。馬正在遲疑時杜又很快的接著說：「赫爾利回來在全國記者會上批評我，說我的中國策略錯誤，惹火了我，就把他開除了！現在中國情況很緊急，內戰一觸即發，這個威脅太平洋的風暴已在醞釀。我需要一位有聲望，有魄力的人來接替赫爾利，解救中國的危機。」又帶哀求的語氣說：「只有一個人可以做到，那就是你——馬歇爾將軍！」

馬聽了本來想說：「不！」但他是位道地的軍人，一生都以服從上司的命令爲職責，況且這是一國元首的要求。美總統也兼三軍總司令，他的上司，於是無可奈何的答應說：「是。」

一九四五年十二月二十日馬歇爾懷著百般無奈的心情到了上海。那天淒風冷雨更增加了他的鬱悶。魏德邁將軍與羅伯森代辦去接他，下榻在華懋飯店。馬以要魏幫他收拾行李爲由支開了羅伯森。

馬即刻出示杜魯門給他的訓令拿給魏德邁看：

「余授權於閣下，在與蔣介石及其他中國領袖談論時，以最坦白的直言，特別對中國人表示：願意獲得貸款，軍援，經援時，閣下可明白指示——美國不能認爲一個被內戰分裂成碎片的中國乃一接受美援之適當地點。」

馬又對魏說杜魯門向他表示如果中國不統一，組織聯合政府則不貸款與中國，及不代運國軍北上。杜也曾向國會聲明援華僅是協助中國驅除殘餘日軍，美絕不以武力干涉中國內爭。」

馬要魏盡全力促成國共協手合作。

魏認爲不太可能，中國政府一些保守人士不信任共黨，中共也立意要奪全權，何況他們後面有蘇聯支持。「馬將軍，你的任務恐怕不易完成。」

馬聽了，藍色的眸子發出火光很生氣的說：「我一定要完成我的任務，而你魏德邁，一定要幫我完成！」

魏曾受馬的賞識與提掖，一向認爲馬是一位禮賢下士察納雅言的偉大人物，於今多時不見，馬已變得判若兩人，不由得想起艾克頓爵士所說的話：「權力會使人腐蝕。」馬在當時聲譽之隆，影響力之大已使他自認爲無所不能。自那次不愉快的交談後，魏將軍開始爲美對華政策擔憂了。特別是對杜魯門給馬的訓令，反覆重申美國不援助一個不團結，遭受內戰的中國政府。這正符合擁有武力反對黨的利益。他們不斷的打打談談、絕不言和！杜此語可謂一言喪邦(中華民國)。以致馬歇爾終於無功而返。

當馬歇爾以總統特使的名義來華的消息傳到重慶，加拿大駐華大使歐德倫聞詢後，告訴國防部最高委員會參事陶希聖說：「馬歇爾與史迪威爲摯友，對史迪威遭蔣委員長撤換頗爲憤懣，也怪赫爾利未盡力調協蔣史之間的歧見，深爲不諒。此次使華恐將盡反赫爾利之所爲。」不幸言中！

馬歇爾與史迪威都曾在民初軍閥割據時代來過中國。他們印象中的中國是暴力、橫行、貪污、混亂、貧困的景況，沒有看見一九二七年（民國十六年）國民政府平息內亂在南京成立，一直到一九三七（民二十六年）蘆溝橋事變，那十年內的建樹。他們把我們的元首幾乎看作軍閥，而將一切污衊我國的傳聞都信以爲眞。

馬歇爾赴華後，杜魯門發函通知商業部、農業部、進出口銀行等幾個單位，表示暫緩所有美國對華經濟及財務援助。所有有關之討論與談判，均需得到馬歇爾同意，方可開始或繼續進行。

艾契遜將美總統的訓令通知駐華代辦饒伯森，謂美國已封鎖各部門對華之聯絡，而賦與馬歇爾談判之權，並要饒傳告在華各單位及代表。

影響我政府失去大陸的關鍵首推蘇聯之操縱，加以羅斯福與杜魯門兩位美總統，因畏懼與蘇聯發生衝突，再度引起大戰，而多方遷就，甚至予取予求，以致出賣我國東三省及允外蒙獨立，還要迫我簽訂名不副實的中蘇友好條約，更不可思議的是把這密約瞞住我蔣委員長。連美駐華大使赫爾利也蒙在鼓裡。羅斯福把這份密約鎖在他辦公室的保險箱內，矇蔽了全世界。杜魯門怕中共全面倒向蘇聯，合力反美，強迫我政府事事遷就。馬歇爾來華，大權在握，效法史迪威，動輒以美援爲要脅。他一面阻撓美援華之軍經物質，一面迫委員長組織聯合政府，在無法協調之下，終於在危急關頭，停止了一年多的軍援，造成了致命的打擊。馬還得意的說：「我大筆一揮就將中國的政府軍全部繳械！」

馬歇爾調處中國內戰失敗，改變了美國的外交政策。原本美國想在二次大戰後借重中國成爲穩定亞洲基礎的計劃，轉變爲一任中國內戰發展，不予介入，以後影響內戰擴大到不可收拾，還坐視不動等待「塵埃落定」。我政府遷台後美國國務院又發表「白皮書」，將一切失去大陸的過錯完全歸咎於我政府。但我政府遷出大陸後，亞洲局勢大變，民主國家僅剩下了一些島嶼與半島了！

第二次大戰結束初期，美國以天下和平人民安樂爲己任，獨自出資成立了聯合國總部。我國亦榮登與美、英、法、蘇並立成爲五強之一，還被推爲安理會常務理事之一員。那時美國聲望已臻極點：她獨自享有原子彈的秘密，擁有全球黃金百分之六十，產品外銷占全球三分之一，武力也居世界之冠。再放眼看其他參戰國，不分勝負，都是國庫空虛，災黎遍地，人們生活在斷堵頹垣之中。尤其是我國八年浴血抗日戰爭中，傷亡官兵三百二十萬人；百姓尤慘，被炸死與被日軍集體屠殺者，流離困頓而成餓殍者，竟達千萬！財產損失四千八百八十億美元；加上我戰時實行的焦土政策，百廢待興。連史大林都說只有美國有力量挽救中國，但也就是他在我國被撕裂的傷口上灑下了巨量的鹽！

當我國在單獨抗日時蘇聯就與日本簽訂了和約。又以參加對日戰爭爲餌，誘惑羅斯福、邱吉爾在雅爾達簽下密約，允許帝俄時代日俄在我東三省交戰失敗後，讓與日本在我東北強占之權益，及外蒙獨立。其實那時美國已不需要蘇聯加入抗日。日本已獲知美國試爆原子彈成功。

加上她在大陸泥足深陷已知不敵，曾要求蘇聯向美透露願無條件投降。狡猾的史大林卻留中不發。

一九四五年八月六日，美以原子彈摧毀了廣島，三日後又投了一枚在長崎，就在那同一天蘇聯宣布對日戰爭，立刻將駐紮在我東北邊界上，配有滑雪裝備(早已按兵待動)的四十個師開入了中國領土。六十萬日軍齊向他們棄械投降。俄國不費吹灰之力占據了我東三省。那時英美盟軍還爲此事額手相慶，他們沒有想到已將一個盟國的最富資源的大片國土奉送給俄國了！從此我東北三省就陷入了俄軍與他們的特務手中。

蘇聯進駐東北立即做了兩件對我有重大傷害之事，一是把日僞軍繳下來的軍器全部送給了中共，並阻撓我政軍人員接收，一九四五年十二月還把東三省內輕重工業的廠內機械拆卸運回蘇聯，拆不完的便設法毀壞。當我提出抗議時，還稱那是他們的戰利品。首批運走的價值二十億美元。一九四六年一月二十八日史大林還念念不忘尚留在東北拆不完的輕重工業，特請美駐蘇大使哈里曼到中國來見蔣委員長，代表俄國要求與我國合組公司，讓他們占有當地重工業百分之五十，輕工業百分之四十九的股權；至於日僞產的工業，要求更甚，想占有重工業百分之五十一，輕工業百分之四十九的股權。自然蔣委員長斷然予以拒絕。失去東三省豐富的資源對我國戰後復興實爲一重大打擊。更甚者原本當中蘇友好條約在一九四五年八月二十四日簽訂後，中共已同意與政府和解。雙十節那天毛澤東還發表宣言說：「中國今日只有一條路，就是說和爲貴，其他一切打算都是錯的！」但中蘇友好條約爲蘇聯撕毀後，國共合作也漸漸幻滅了！

馬歇爾初到重慶時合談的氣氛尚屬和諧。以馬歇爾將軍國際聞名的抗戰英雄之身分，立刻得到國共雙方的信任，尤其是周恩來，他是屬中共的溫和派，親口答應把中共軍隊交由蔣委員長指揮。馬大悅，認爲任務已經完成，急於回華府述職，行前對魏德邁說要推舉他繼赫爾利爲駐華大使。魏也欣然應允。

一九四六年二月二十七日馬動身回國之後第三天，重慶張燈結彩，掛滿了賀聯，並且準備了很多支金筆用來簽約後分贈與會者爲記念這樁喜慶之事——中共同意將兵權交由中央政府指揮。誰知周恩來來了，他不是來簽約而是說「上面有指示不能簽約！」同時他也表示有關魏德邁將軍作駐華大使之事亦遭反對。

馬歇爾在華府的朋友都勸他不要再回中國，但馬不肯半途而廢！不但自己回去還帶了太太凱撒琳。南京、上海及各地報紙幾乎每天都以頭版顯著的標題報導馬氏奔波於國共之間的消息。他七上廬山與蔣委員長會談，幾度往返華北也曾親去上海勸拂袖而去的周恩來回到南京談判的桌邊，不可謂未曾盡力而爲，但是深藏在他心中的主要問題是如何避免將美國捲入中國內戰，也不願中共全面倒向蘇聯，於是不免一味敷衍中共，對蘇聯在我東北之橫行霸道也視若無睹，不加干涉。但如此委屈求全反而面面不討好。其實那時蘇聯也靠美援救濟，尤其是糧食。美國也對俄國之待遇特別優厚。經常追隨羅斯福總統參與國際高峰會議的人士說羅總統對史大林比對邱吉爾還要客氣，總是和顏悅色。以當時美國執列強牛耳之時，一怒可以平天下，卻如此委曲求全實不可解！

從歷史上觀察美國對中國外交政策是追求用中國來防禦蘇聯。百多年前美國海軍戰略家馬漢曾說：「條頓民族與斯拉夫民族早晚會有一場大戰，而決戰的戰場可能在中國。」他這種說法自十九世紀末期以至今佝好像一直在主導著美國的對華政策。雄才大略如羅斯福尚不免受其影響。他爲了避免戰後與蘇聯衝突，不惜以重病之身遠渡重洋去黑海邊一個蘇俄的港口——雅爾達——去會史大林。本以爲以美國的聲勢與他自己的魅力可以說服史大林叫他參加抗日，誰知卻被史利用，簽訂了出賣我國領土，及強迫我國與蘇聯簽訂那名不副實的中蘇友好條約，還添奉上了歐洲數國——波蘭、羅馬尼亞、保加利亞、匈牙利與捷克斯拉夫。

南斯拉夫的狄托不服蘇聯管轄，被開除第三國藉。美國對此不平等條約等閒視之，不以爲意。馬歇爾後來甚至希望中共走狄托路線。這個觀念一直傳了五位美國總統終至卡特與我斷交而承認中共。

我國父孫中山先生倡導革命推翻數千年帝制，建立亞洲第一個民主國家；蔣介石將軍肅清軍閥統一中華，廢除不平等條約，自一九二七至一九三七(民國十六年至二十六年)，十年之內建樹了穩定的經濟基礎，確定教育宗旨，改革不良制度，使經濟穩定，學校林立，交通進展，各方面的進步。魏德邁將軍於一九五一年九月十九日出席美國國會參議院司法委員會作證時，盛讚這十年的成就爲中國現代史上的「黃金十年」。可惜的是民國二十六年七月七日日本發動蘆溝橋事變，「黃金十年」的建設在開戰後三個月內泰半喪失。百分之八十的現代化工業化爲灰燼。最使委員長痛心的是那些才自黃埔軍校出來的優秀青年浴血沙場，手無寸鐵的老百姓也慘遭集體屠殺。誰知我八年抗日戰爭在贏得勝利後，反遭到戰敗國的待遇，被我們的盟國出賣了！喪失了東三省，其面積等於英、法、德、比、荷五國的總和。更使人氣憤的是蘇俄背約，鼓勵了內戰，使我國民重陷入水深火熱的煉獄之中！

我國曾屢受列強之侵害，尤其以英國的鴉片戰爭，日本的甲午之役與民國二十六年至三十四年的八年抗日戰爭爲最慘烈。俄對我國之危害也不輸於英日。自帝俄時代至近日這漫長四千五百英里的中蘇邊界——這世界最長的兩國邊界——不斷的遭受我北方強鄰滲透侵蝕。

中國大陸那形同桑葉的版圖於今已被蠶食了一大片，令人怵目驚心。

我國參加了兩次世界大戰都占在贏方，卻受的是戰敗國的待遇！尙不如戰敗的德日。尤其是日本經美國大力扶持於今又登上了強國之列，而我國退居台灣反遭受很多友邦叛離之恥，能不慨嘆！

魏德邁將軍曾說：「美國自勝利口中奪下了失敗！」

派特赫爾利大使也說：「美國在戰場上贏得的勝利，全輸在談判桌上！」其實最大的輸家是我國——中華民國。

馬歇爾在返國之前因中共反對否決了魏德邁將軍繼任駐華大使之任命，而改請燕大校長司徒雷登補此危機四伏之缺。司徒從此邁進了陷阱，弄得一生清譽遭受了白圭之玷。

馬歇爾回國任國務卿。但他對外交是十足的「外行」。一切均讓副手艾契森作主。艾氏深受國務院內左派人士之蠱惑，禁運軍火來華，連國會批准的援華黃金，儘管已經裝上了船仍扣留不發，眼看中國大陸易色也無動於衷，靜待「塵埃落定」，絲毫不予援手。我政府退出大陸轉向台灣後，國務院又發表了「白皮書」，將一切失去大陸的過錯完全推在國民政府身上。

馬歇爾任國務卿時，歐亞受戰禍災害的國家求援之文件如雪片飛來。他於是擬就了「馬歇爾計劃」，但以援歐爲主。並在歐成立軍事基地以保盟國安全。日本那時也虧得麥克阿瑟將軍的糧食與經濟救濟，不然早在一九四五年，那日本最寒冷的冬天，至少有三分之一的日本老百姓會掙扎在饑寒與生死的邊緣。這也是爲何我蔣委員長不向日本索取賠償的原因，但此舉曾爲一般受戰爭禍災害的中國百姓之不諒。

一九四九年一月馬歇爾因病辭職，艾契森繼任。艾氏是著名的重歐輕亞之人，在他任內去過歐洲十一次，卻未來亞洲一次，甚至麥帥數度邀他來亞洲巡視也都以「沒有時間」爲理由而拒絕，對中國大陸之淪陷也漠不關心以爲無足輕重。我國退守台灣後，艾氏下令駐華使館人員謂台灣終不能保，亦無軍事價值，因此他們要隨時準備撤退，可謂落井下石。

直到北韓南侵韓戰爆發，美國才如夢初醒，認清了誰爲敵友。

一九五〇年馬歇爾病癒，杜魯門又請他出任國防部長。歷來美國國防部長均由文官擔任，那次破例，所以要國會通過。參議員麥卡錫大爲反對，指責馬兩次失職——一次是珍珠港遭日機突襲，謂馬事前已獲得情報但未通知檀島戒備以致傷亡慘重。更嚴重的是馬應擔負中國大陸易色之責。因之也鼓勵了北韓南侵之野心。杜魯門因他的保護神受責，怒氣沖天，打電話給馬歇爾，大罵麥卡錫，說要活剝那個黃鼠狼的皮。

馬歇爾平心靜氣的問道：「我的任命有否通過？」

杜說：「通過了。」

馬說：「通過就算了，你去剝麥的皮，當心惹來一身臭味！」

馬歇爾作國防部長時已屆七十高齡，不再意氣用事。韓戰使他發覺以往的錯誤，也不以艾契森的所做所為為然，他於是打算把他的友人威廉鮑雷找來。鮑雷是出名的正直人物，對遠東情勢又十分熟習。馬希望他能加入國務院以平衡艾契森的重歐輕亞的偏執觀念，與國務院內左傾人士的影響。

鮑雷是一位飛行員，飛機型式的設計家，擁有一家飛機製造廠，在美國尚未參加二次大戰時，他曾協助陳納德將軍組織志願來華助戰的飛虎隊。馬歇爾要他在國務院內為他的耳目。鮑雷的職位是——共和與民主兩黨共請的中國問題專家。

鮑雷到華府的第一天，副國務卿吉姆韋伯就請他共用午餐。他對鮑雷說：「你到國務院來不可以看任何有關遠東的文件，也不可以參加任何有關遠東的會議。老實說國務卿不願意你來參加任何討論遠東問題的事務。」

鮑雷大為驚訝說：「為什麼？難道你們認為我是一個顛覆破壞份子？」

韋伯說：「當然不是，但是你對中國的意見和國務卿所持的是兩個極端，所以國務卿不要招惹任何麻煩！」

鮑雷說：「是不是國務卿要我辭職？」

韋伯說：「我不知道，我想不是。」

鮑雷說：「你可以告訴國務卿，我不辭職，他也不能阻止我參加討論我所熟知的事務。」他又說：「吉姆，你去過遠東嗎？」

韋伯說：「沒有。」

鮑雷說：「你認爲國務院的見解是毫無錯誤的嗎？」

韋伯說：「我們沒有法子再談下去！」

事後鮑雷懷了一腔怒氣去見馬歇爾。馬要把這樁事呈報總統。鮑說他不願意把馬捲入這是非圈內。因爲去見總統把事鬧大了，會使馬歇爾與艾契森之間發生歧見。

上述這小故事顯出當時國務院的黑暗，我國也曾受其殃。

馬歇爾後來深悔其對國際情勢認識不足，以致鑄成大錯。據說當周以德參議員等發起百萬人宣言時，馬也簽名加入。那時由美國情報局所組織的「西方公司」也是他授意成立的。繼赫爾利的駐華大使司徒雷登中風生病時，馬去探望，兩人談起調處國共，由於認識不清，遭受失敗的事均感內疚。

一九五三年馬歇爾獲贈諾貝爾和平獎，他帶病去瑞典領獎，回來後就一直纏綿床褥。一九五九年逝世，享年七十九歲。他在病中時，蔣夫人曾去探望，馬含淚對蔣夫人說：「我這樣對不起你們，你們對我還如此關切！」

67 ◎ 馬歇爾(George Catelt Marshall)　美國杜魯門總統特使

1945年12月22日馬歇爾專機抵重慶，駐華美軍總司令魏德邁(右二)前往迎接。

1945年12月21日馬歇爾飛往南京，晉謁蔣主席夫婦並合影。

1946年3月4日馬歇爾(左二)偕同軍事三人小組另兩位成員周恩來(左一)、張治中(右二)飛抵延安，朱德(左三)與毛澤東(右一)在機場迎接，並校閱共軍。

將軍，再見(魏德邁將軍與作者夫婦)。

司徒雷登(Leighton Stuart)

美駐華第四任大使

莽莽神州劫難中，烽煙甫息又操戈，鬩牆內鬨干卿事，枉作仲連歎奈何！　陳禮頌詩

司徒雷登(John Leighton Stuart)任燕大的創辦人與校長(名譽校長爲吳雷川)長達二十七年，爲燕大的發展和學生的培養嘔心瀝血，做出重大的貢獻，把燕大培養成中國第一流的教會大學。他還請專家設計了世界聞名最美麗的校園。他提倡學術自由，支持學生運動。他不惜重金聘請國內外知名教授使燕大得與北大清華齊名，爲中國培養了大批優秀人才。

司徒雷登於一八七六年生於中國杭州。他的父親林登於一八六八年到中國杭州傳教，五年後因健康問題回美休養。恢復後娶霍登法官之女瑪麗爲妻。瑪麗小姐曾在美國南方創辦了一所私立女子中學，該校後成爲阿拉巴馬州的著名學院。她隨夫於一八七四年乘船來華即返杭州。不久她也在杭創立了一所女校(弘道女中)。筆者的大伯母曾在該校就讀。

雷登夫婦在杭州生了四子——司徒、大衛、華倫與羅拔。由於中國沒有美國學校，四個兒子均由母親親自施教。司徒後來回憶說：「母親的教學想必是第一流的；當我十三歲時全家回美度假。雙親把我和大衛留在美國就讀。我們都順利的考上了摩比爾的公立學校，而且名列前茅。」

司徒從小對傳教工作不但沒有興趣而且發生反感。他回憶說：「我有時隨父親到學校門口或廟會前傳道，聽者往往對我們的衣著評頭論足使我非常不悅。賣的小冊子多半不收費用。在中國十三年後由父母帶著坐船回美。他們帶了無數箱的中國衣著，食品和用品，叫我們孩子穿中國衣服，用筷子吃飯，唱讚美詩尤其是『耶穌耶穌愛我我眞知』。每天像開展覽會一般。後來他們回中國時把我和大衛兩個大孩子留在慕比城成了被取笑的對象。尤其是我們的衣服是英國最老式的服裝。我們對美國孩子的語言習慣茫然不知。我們寄居在姨父母家，表兄弟對我們這一對奇怪的親戚引以爲恥。親友會問：『中國人吃老鼠嗎？』或說：『他們眞像中國人。』姨丈因爲我們父母是傳教士，不許我們跳舞和看戲，要步行去作禮拜，要背誦經文和詩歌，使我們很憎惡傳教士的生活。幸虧另外有一個阿姨，在暑假時到她家去住，她家在海濱可以游泳。姨父母對我們慈愛，使我們在夏季能享受健康的生活。」

司徒大學畢業後，教會還派他去中國傳教。他離校那天晚上一夜未眠，聽得校園內的自鳴鐘一小時一小時的鳴聲，翻來覆去不能成寐。黎明時突然決定給宗教一個機會，決定去中國。這也是是受了好友吳斐德的影響，終於還是選了進神學院。

畢業不久他和吳斐德便被長老會封爲牧師，準備去中國傳教。他倆商量後決定結婚後再去中國。他們一同去到新奧爾良在那兒遇見了兩位表姊妹，所幸他們所喜歡的是不同的一個人，便立刻同時結婚。

一九〇四年十二月底司徒的父母親自到上海接他們到杭州，那時正好是新年除夕，好友夫婦被指定赴蘇州工作。

一九〇五年至一九〇八年(清光緒三十一年至三十四年)司徒在杭州鄉下村落任牧師，後前往南京在金陵文學院任教十年。在這期間他出版了一部希臘文、英文及漢文的字典。司徒說他在金陵學院甚爲快樂，已經達到了教學和研究中的一個特殊階級。

司徒記得庚子拳亂之後匯文大學、協和大學和協和女子大學合併。一位在西雅圖退休的牧師從北京到南京來看他，問他是否考慮作那個新大學的校長(那位牧師是匯文大學的一位董事)。他爲了平息三校因提名新校爭論不已，想找一位適當的人來領導解決這僵持的局面。「那位董事認爲非我莫屬。我的朋友都勸我不要去，那是一團糟的局面。只有魯斯博士(美期刊大王亨利魯斯之父)要我愼重考慮要我先調查該兩(三)校的經濟狀況然後決定。」

清政府被推翻後胡適博士發起文藝復興運動。在這期間有一個國立大學校長蔡元培請了這位對中國舊學獲高名而受西方教育的胡適成爲教師。他與司徒結爲至交。

一九一九年一月三十一日司徒到了北京，寒風刺骨在西北風中坐人力車到城北長老會差會。

數星期後司徒正式被邀請作北京那個聯合大學的校長。一般人的意見認爲那位校長必須不是個在北京本地的傳教士而且要與那些爭論的問題全無關連的人，司徒正合乎這條件。北京需要一個教會大學，一個值得傳教士團體盡力辦理的基督教大學。司徒求神祈禱得到了肯定的答覆。再開會時對他們說，倘若他們肯通過合作我就準備接受他們的邀請，請他們選舉出一個公平不偏的人士團體盡力辦理，有關方面決定必須予以接受。高年的勞利博士淚流滿面的說，放棄聯合大學的計劃是無法想像的事，他願把手中的牌全放在桌上來作一個新的開始。他這舉動供給了前此無法克服的各種歧見——用何校名的爭——完全交給司徒決定。由誠敬怡博士提議用「燕京」(古燕國首都)全體通過。

問題解決後司徒宣布兩個條件：一、校址問題。二、不負擔經濟責任。

司徒請魯斯博士來北京並請他爲副校長。

學校沒有資產，僅有一百多個學生而多數由校方資助。教會支持五萬元美金作開辦費。只有一些散布的房屋作新教舍。司徒放棄傳教去教學，現又放棄教學去辦學校。

魯斯博士是司徒唯一希望的一線光明。他開始巡遊美國全國尋訪他以前的朋友，並通過他們再與別人接觸。他爲了一個完全無人知道的學校工作，那學校甚至沒有一塊地皮，這一點是他所遭遇的最大阻力。北京的週圍滿是些不相連貫的私人墳場與墓園。

有一天魯斯被朋友邀請到清華大學附近一些空地去視察，那是在往頤和園去的大道上，離開北京約有五哩，道路良好，風景絕佳，對著有名的西山，有著名的大寺院和宮殿式的房屋。那地方是滿清王子的廢園。當時是屬於陝西省省長陳樹藩用作別墅和供祖先的宗祠。一九二〇年夏天司徒到陝西省會去見陳省長。省長對此事頗感興趣，僅以六萬元賣給學校並且把售價的三分之一捐爲獎學金。地共有四十英畝。過了一段時間又把附近的廢園和荒地買下，面積擴大了四倍，完全連貫在一處。

燕京大學派魯斯博士去美國募款，既不給他指示也不給他支持。在甲午戰爭之前司徒校長去過美國十次募款。他對朋友說：「我有一次看見一個乞丐都覺得我與他是同行。」「爲了捐款我得了一種神經質消化不良症，這毛病在我一次次捐款旅行結束的時候便告痊癒。」

Charles Hall發明了鋁金，在他的遺囑裡關於贈錢給某些人後剩下來的三分之一捐給母校核沃伯靈大學；三分之一捐給南方各校；再有三分之一捐給美人在亞洲或巴爾幹國家所辦的高等學府。他的兩位好友美國鋁金公司的總經理和公司的法律顧問被指明爲執行人。許多沒有資格的人向他們要求，他們總是拒絕接見。魯斯博士是那位律師的朋友，安排司徒與戴維斯先生見面在紐約同吃中飯。戴維斯毫不留情的發問使司徒食不知味。戴維斯說：「你只管去建立一間值得我們支持的大學。」。司徒再見總經理約翰笙時對司徒說：「我們已經決定給你們一百萬元。」在分配給亞洲各地之後還剩下四百五十萬，他們拍電報問司徒如何運用這筆款項的意見。在鋁金公司大力的協助之下，燕京大學建立的所有問題都解決了。

司徒雷登於民國八年出任燕京大學校長。在其校長任內將一所貧困的專科學校變成中國境內最好的一所基督教大學。其學術地位在多數最高學府之上，尤其是校園之美名聞全球。校園的主要建築物全是用鋼筋水泥造的宮殿式的房屋。山形水系格局完整，區劃分明，工藝精緻，爲中國傳統式與現代化建築結合的創作，有很高的藝術價值。水塔的外表是一個十三層的寶塔，投影未名湖爲最著盛名的「湖光塔影」。加上新植的花卉樹木，並從附近荒墟中移來一些雕刻的石柱石舫，在未名湖的小島上築有小亭，那是亨利魯斯記念他老父所捐建。另一個亭掛著一口古鐘爲全校報時之用。這美麗的校園加深了學生們對學校愛慕之情。

校友關家麟所提紀念貝錫福主教之詩詠校園之美：

「昔人已隨天使去，此地空餘貝公樓，天使一去不復返，湖光塔影空悠悠，青蔥鬱鬱燕京樹，亭島寂寞伴石舟，日暮鄉關何處是？未名湖上使人愁。」

燕大外籍教授占三分之一強，他們都是司徒校長力聘而來，畢生奉獻給燕大，視學生如己出，全力全心教導愛護，正是基督教的基本精神。爲了中英文並重也聘請了多位博學知名之士。在哈佛大學成立了哈佛燕京圖書館。醫學方面又和協和醫院簽約，使燕京醫學系學生可直接升入協和進修與實習。體育的特色是男女各有一體育館。司徒最愛的是新聞學系，他和以新聞系爲主要科目的美國米蘇里新聞學院交換學生得到幾名獎學金的贈與。筆者外子沈劍虹和他同時被選的兩位新聞系學生宋德和與吳嘉棠同時坐船赴美，以「三劍客」的姿態聯袂就學，在校中又結識了後以翻譯知名的學者高克毅引爲深交。

燕大的精神——因眞理得自由以服務——其實並不強迫學生信教，反而提倡自由團結、友愛、著重文化氣息、課外活動、學生運動。師長對學生關愛。司徒盡力試圖認識每個學生。他要學生見到他時先報自己的名字。自然他無法記得那麼多的名字，但他七十歲生日時有一群學生爲他祝壽他居然叫出很多學生的名字。

燕大重視科學也是中亞文化研究中心，中西文化交融的學府，在成立三十四年中培養許多人才。

日人占領平津後很多學校都隨政府遷移，唯有燕京大學升起美國國旗禁止日兵入內。日人恐嚇司徒說要在燕園放一炸彈，要他跟日本方針走。司徒說：「我寧可讓日本人像炸天津南開大學那樣炸平燕大，也不會改變我的教育方針。」日後教育部長陳立夫給司徒一個獎狀，稱讚他在日本統治之下辦一獨立自由的學校。

珍珠港事變後燕大很多教授被日軍所捕，司徒也被拘禁。開始時這消息使他有一種不甚屬靈的滿足感。他認爲這是美國一直忽略了日本侵略中國的惡行所得的後果。

他先被禁在美領館內，後又與協和醫院的霍騰醫師史奈帕醫師夫婦同禁。他們三個不久後又轉禁在一名英國商人的住宅內的後院。前院有警衛把守。一九四二年史奈帕醫師夫婦被釋，派遣返美。司徒與霍騰以拼字遊戲消遣，只有後院一條空地可打羽毛球。司徒在被禁期間譯了一本中國的四字成語（筆者記得他被釋放後來到重慶，外子帶我去拜見他，他還引用了一句成語「一勞永逸」（Once for all）。他也曾爲四書作了評註。

司徒一直被關到日本投降整整四年。

燕大在日軍占領期間慘遭破壞與搬擄，更使燕大損失多位西方教授。他獲釋後立刻四處募款。在戰後困難的環境下居然獲得各方慷慨的捐獻，足以證明燕大及司徒個人的聲譽。他更與燕大同仁四度往返美東西兩岸拜訪過二十所著名的大學爲燕大募基金及聘請名師，包括加州理工學院、史丹佛大學、芝加哥大學、麻省理工學院、耶魯、普林斯登與芝加哥大學等。雙方展開師資與學生定期交流活動。

他又匆匆趕赴重慶。他被日人釋放後已身無長物，衣履不全，幸虧學生們爲他做了四套衣物，始能成行。

一九四五年九月一日慶祝勝利的頭三天，蔣總統在九月二日招待外國團，在那兒司徒遇見了赫爾利大使，他站在主人身邊。他最近把共產黨領袖毛澤東從延安接了出來，坐的是他的專機。他親自去接的毛主席。當毛看見司徒站在人群中，他向司徒招呼說在延安有許多他的老學生，司徒笑著說「我早已知道了，但我希望他們不要辜負學校訓練他們的苦心。」隔了幾天毛和周恩來請司徒吃飯。司徒沒有想到在幾個月後他會在馬歇爾的和平談判中與共黨首席代表周恩來一同開會。

司徒七十華誕正好是他這段多彩多姿傳教士與教育家生活的一個結束。半個月後他意外的奉命接任美國駐華大使之職。接到後他即向燕大管理委員會請辭。管委員鑑於司徒對燕大卓越的貢獻拒絕接受，只讓他請長假。

一九四六年司徒由北平赴南京就職時中美協會爲他設宴送行。司徒演說時看見他的老友胡適之博士坐在來賓們的中間，司徒當時想到「他幸運的能夠擺脫駐外大使的身分回到北平作大學校長，而我反而離開那最美的城市和最佳最滿意的事業，擔任他所逃脫的職務及未知之命運，這是多麼顯著的一個對照啊！」

美駐華第三任大使派特赫爾利留下的中國是分裂了幾近二十年的國共兩黨元首在重慶和談，那四十天的交涉是在友善與和協的氣氛下，在互讓的基礎上進行。毛澤東在離開重慶時演說：「中國今日只有一條路，就是說——和爲貴，其他一切打算都是錯的，國共兩黨與各派團結一致不怕困難，在和平民主統一的方針下，在蔣主席的領導下，徹底實現三民主義的方針下，一切困難都是可以克服的。」（《新華日報》一九四五年十月十日）。

但馬歇爾留下給司徒的職務是面對國共兩黨互相肆殺的局面。美國在國共鬥爭中扮演了混淆的角色。馬歇爾推舉司徒爲駐華大使無異將他推入火坑，使他一生清譽惹上了白玉之玷。司徒雖是一位傑出的教育家但是是外交生手。他不能應付詭詐的政局，使他捲入辛秘萬變的國際漩渦之中。他的學生有時聽到或在報上看到他們的校長如今的大使所發表的演說，所說的話意旨完全不同，後來才知道是國務院擬的稿。遇到任何問題請示，國務院的回答也多半是模稜兩可，甚至混淆不清。開羅會議美國總統羅斯福答應對中國國民政府的援助完全沒有實現，反而在雅爾達會議時簽了出賣我國東三省給蘇俄的私約。在我經濟與軍事雙重壓迫之時斷我援助，使我八年困苦抗日之戰全功盡棄！

當政府遷往廣州時曾邀請各駐華大使隨同，但僅有蘇俄大使隨行，其他使節均以美使的馬首是瞻。司徒請示國務院，等到的指示是留在南京，靜觀其變。司徒又聽了他的親信傅涇波之言，也認為在延安他的學生黃華與龔氏姐妹都身居要職，加上英駐華大使之勸決意等待「塵埃落定」。但他心中不斷的在這硝煙中徘徊！

一九四九年四月二十六日在毫無抵抗的情況下共軍很有秩序的開入南京。

第二天清晨司徒被門外嘈雜聲鬧醒。一群共兵衝入他的臥室。司徒問他們來做什麼？回答的是：「隨便看看」。司徒立刻感覺到情勢大變。他記得他的老友美駐華第一任大使詹森對他說的話：「我們是在看歷史裡面一齣最悲慘的戲劇。我們坐在前排的座位上，但完全無能為力，不准幫忙只可以看著，並加以解釋。」當時司徒記得聽不懂是否美國代表只准給一個旁觀者的地位。「可是我現在坐在一個包廂裡面，看著一齣更令人傷心的表演！由於我們

(美國)的軍事和海軍顧問團之繼續駐華，由於我們口口聲聲說要安定他們，而實際一無貢獻。政府領袖們全指責我們臨陣脫逃；共產黨會指責我們有所偏袒；很有學識但不滿現狀的知識分子也會代表這束手無策的群眾發言，說我們對中國在作帝國主義的滲入。」

國務院自一九四八年十二月起就不斷的有訓令指示，中共一旦進入南京，使館同仁在情勢未明朗之前仍應繼續留在原地。

一名燕大校友黃華於一九四九年五月間奉派爲出任南京軍管會外事處處長。這顯示黃華之被派使他有機會和司徒直接對話。自五月至八月司徒離華爲止，他兩位與傅涇波三人曾有數度會談。司徒強調在他公職生涯行將結束的此刻，他將對中國的期望是希望能看到能有統一和平眞正的民主政府，以及對國際社會的善意。」黃華對他這番高調訓勉未予答腔，只表示中共對於獲得美方正式承認一事十分關心。同時指出中國需要與各外邦之間建立商貿以及其他方面的關係。司徒答稱中共政權若欲獲得美國承認須先達到幾個要求標準，其一是尊重條約的承諾，另一標準是中共政權必須明確獲得中國人民的支持，司徒並且暗示，其他大部分國家在此同一問題上都將隨美國政策。

傅涇波與黃華曾同時在燕大就讀。六月初他邀黃華茶敘曾無意間向黃華提出：「六月二十四日是司徒的生日，他每年都在那天在校園中受師生們的慶祝。」黃華聽了以爲司徒要想去北京，當時便表示歡迎，並且允爲安排行程。此舉可能是傅涇波自己的意見，但黃華十分認眞，立刻請示中共領導人，毛澤東與周恩來均表示歡迎。

司徒得知後並未想到此行之嚴重性，他一時忘記了身爲美駐華大使行動的重要性就請示國務院。國務院建議司徒應先去瀋陽安排遭中共軟禁近一年之久的當地美國領事館同仁離境，並放總領事瓦德夫婦回美。中國司務處戴維斯認爲恐難爲中共接受，最後決定司徒取消此行。

同時美國與中共之間又發生一件意外。五月三十一日周恩來遣人送一封信給美駐中國副武官巴瑞特上校要求他以機密文件送至美國最高當局，該函內容說：中共內部業已分裂爲自由派與激進派，分別以周恩來與劉少奇各代表一派。自由派不同意蘇聯的政策，希望作爲美蘇之間的一座橋樑以防止二者之間發生戰爭；同時認爲中國需要美方的經援以進行其戰後重建。周在此信遞交美方時曾特別要求切勿洩漏他的姓名，並說假使洩漏則他將一概否認。國務院的回函開始先重述美國對華親善援助的歷史淵源，而要求中共停止對美國在華官員之干擾，哪知道送去時共方拒收。

國務院未批准司徒北京之行。毛大怒，八月十八日毛在〈別了司徒雷登〉文中極盡挖苦之能事。周也以爲司徒之拒赴北平之行是對其個人之侮辱，對司徒拒受邀感到失望甚至氣憤。司徒也擬一文件給國務院，對中國共產主義勿存任何幻想。

北京之行被華盛頓否決後，司徒開始準備回國。曾受到百般刁難。美政府要他在《白皮書》發表之前離華。終於等到八月十日才回到華府。

讀到《白皮書》使司徒大吃一驚，一本厚達一千零五十四頁的中國《白皮書》把失去中國大陸的責任完全推給中華民國政府(那時國民政府已遷至台灣)。尤其令司徒氣惱的是《白皮書》將他幾乎所有主張採取積極對華的電文剔除，卻將他反對再予蔣軍事援助的電文全收錄在內。

司徒記得他在一年前曾以懇求的語氣寫給國務院：「中國人民不要成爲共產黨徒。他們看到共產主義的潮流不住的向前奔流，在這種混亂與無奈的情況下，蔣委員長成了唯一能有作爲的一股道德力量。」

然而國務院寧願採取觀望態度，坐視國民政府被共產主義洪流淹沒。如今卻發表了《白皮書》將一切責任推脫得乾乾淨淨。眞可謂落井下石。不但如此他回國後被禁止發言，對他不理不睬，使司徒鬱悶在心。

司徒回國後在一九五一年十二月由辛辛那提訪友後在回華盛頓的火車上因心力交瘁腦充血中風，雖即刻送醫診治仍癱瘓不起。幸虧他一直情同父子的傅涇波把他接回家奉養。司徒在病榻上馬歇爾曾去看望他，兩人談起調處國共由於認識不清達到失敗之事均感內疚，馬走後司徒病情加遽以致不起。一九六二年九月十九日病逝，享年八十六歲。司徒雷登留下遺囑希望死後與妻子合葬於燕大校園內。

司徒夫婦感情深厚生有一子名傑克。夫人體弱多病四十歲即逝世，葬在燕大校園內。司徒每天早上必先到夫人墓前靜坐讀聖經一小時才回去用早餐再去辦公室。回到美國後他回到南方老家時，每天早晨必在他們度蜜月的那條小路上漫步半小時。在華盛頓也早晨起身後讀聖經半小時悼念亡妻。

宗教信仰在司徒受種種折磨之時給他安慰與支持，當他受日軍監禁四年當中，當他輾轉床褥十三年時，在種種的痛苦情況下他在日記上及口述自傳上提到當時的心情：「我此刻終於有機會體驗出基督信仰在痛苦失望以及面對茫茫未來時所產生的慰藉之功。既然——正如我現即有機會來試試自己自救之道。就憑著這種意念，我幾乎是以一種歡悅的心情來面對目前的處境，而且儘量的不讓可能從其中獲益的良機消失。」

83 ◎ 司徒雷登(Leighton Stuart)　美駐華第四任大使

司徒雷登大使。

蔣介石(左)在牯嶺接見司徒雷登。

左起司徒雷登與美海軍丹菲爾德上將、柯克上將在南京會談。

藍欽(Karl Rankin)

美駐華第五任大使(第一位駐台大使)

卡爾·羅德·藍欽(Karl Latt Rankin)於一九四九年夏奉派為駐上海總領事。當時我國正值八年血戰之後又遭內亂，政府棄南京遷廣州，上海已陷紛亂，於是他就直接去了廣州。在他七月九日由美動身之前，國務院給他一本正在排印中的《白皮書》，要他在路上閱讀參考。

藍欽與葉公超互相傾慕，頓成摯友

他在八月六日抵達廣州沙面總領事館。那時司徒雷登大使仍留南京。美駐北平總領事亦打算等待共軍到來和他們接觸。藍欽在廣州首次會見當時代理外交部長葉公超。談起《白皮書》，藍欽認為這本書牽涉到很多機密資料，嚴厲的批評盟國首長，在此危難之際，不異落井下石！葉代部長說此時反駁徒增惡感，不如留一餘地，待真相大白之後美國回心轉意重修舊好。藍欽與葉公超互相傾慕，頓成摯友。

十月十五日廣州淪陷，政府於數日前遷往重慶。美駐廣州總領事早在八月十九日遷往香港。十月二十一日有八國使節也由南京來到香港。一時謠言烽起，說西方國家不久即將承認中共。最譏諷的是蘇聯代辦一直跟隨著中華民國政府南奔西遷。表面上是遵守「中蘇三十年友好條約」，其實條約的墨跡未乾早已背約。

一九五〇年撰寫《白皮書》的菲立吉索普（Philip Jessup）來到香港。那時藍欽已是駐香港兼澳門總領事，特別為他舉行酒會。吉索普言談之間力主承認中共。有一位上校的太太以責問的口氣對吉索普說他那種屈服容忍的態度可能導致另一場戰爭。果然六個月後韓戰發生。

一九五〇年八月十日藍欽到達台北為駐華公使。那時政府遷台未久。蘇聯、印度、英國等國已相繼承認中共。美國本也醞釀承認，但美駐瀋陽總領事、北平總領事館及南京美大使館均先後遭受非禮的待遇，承認事便遭擱置。韓戰爆發後，美又率先發起聯合國派兵干預，才完全中止此念。但國務院仍認為台灣不可守，要駐台北美領事館之員工隨時待命撤退。藍欽到達台北時形容當時使館的情況：人心惶惶，彷彿生活在淒風冷雨之中，領事館的房舍老舊，沒有冷氣，大門外搭了很多違章建築，館內的器材多半已運回美國，舊的檔案已經燒燬，工作幾乎停頓，館員們好像都坐在行李箱上準備隨時撤退，整個衙門像是一座空架子，新聞處只剩下兩個人。藍欽夫婦本來住在領館內但十分嘈雜，就搬到陽明山的別墅裡，那兒風景雖好，可是這所日本式的平房年久失修，屋頂有二十六處漏雨，飲用的水是由山上用竹管接來的泉水，沒有新式的衛生設備，茅廁也是日本式的非常簡陋。藍氏夫婦來華之前曾三度出使希臘，前後共十年，在那文明的古國過著幽雅恬靜的生活，比起在台初期的情況眞有天壤之別。但藍欽夫婦卻甘之如飴。因他夫婦對國際共黨之擴張深具戒心。藍欽在一九二二年至一九二七年五月間曾奉派去蘇俄及東歐國家送救濟物資，留下了相當惡劣的印象。

他初見蔣公總統夫婦有過這樣的形容：「蔣總統看上去那麼年輕，他舉止純眞而友善，經常帶著和悅的笑容，我對他始終保持著這個良好的印象。他是一位完美的中國君子，具有眞實、謙恭、忠誠和寬宏大量的美德，他深信榮譽高於一切，絕不委屈求全。他相信中國的前途與他自己的使命將創造未來。」提到蔣夫人時說：「蔣夫人是世上最具吸引力，才貌雙全的女性。她的魅力無法以筆墨形容。」

藍欽在台北再度會見葉公超時，葉已眞除外交部長。藍對葉的才華與風度非常欽佩，葉對藍的眞摯熱誠也異常欣賞。他們的友誼很像三國時代的魯肅與諸葛亮，雖各爲其主，但相互傾慕，私交頗厚。因之也增進了兩國友好的關係。

一九五〇年六月二十五日韓戰發生後，美國對華政策趨於堅定。麥克阿瑟將軍奉命爲聯軍統帥，登陸仁川，乘勝追擊北韓軍隊。十一月二十一日逼近中韓邊界，發現中共的八十萬大軍早已越過鴨綠江，以人海戰術逼退盟軍。當年十二月杜魯門與阿特里會面。英國提議把台灣交給中共來換取中共的好感，還主張邀中共進入聯合國，但未蒙美國同意。不數月聯軍收復失地接近三十八度線。英國、印度等主張妥協的盟國又恐戰事拖延，主張撤換堅持作戰到勝利的麥克阿瑟將軍。

一九五一年四月有一天，藍欽正在外交部葉部長的辦公室談天，電話鈴響了。葉部長拿電話筒，只聽了數秒鐘，便面色凝重又帶氣忿的樣子，還沒有放下聽筒就對藍欽說：「杜魯門已將麥帥革去聯軍統帥的職務了！」（按麥帥於一九五一年四月十一日去職）。這驚人的消息震撼了全世界，尤其是在亞洲人的心裡，麥帥象徵美國的精神、威力與正義。中華民國失去了一位最有力的朋友與支持者。韓戰一開始麥帥即主張動用中華民國在台的軍力（當時有六十萬大軍），並曾親自來台與蔣總統會面，引起白宮、國務院及聯合國一些人的非議。

藍欽建議：讓中華民國和日本單獨簽訂和約

韓戰終於在一片妥協聲中結束，基於韓戰的經驗，藍欽認為中華民國應當認清兩樁事：一、美國雖有強烈的正義感與繼絕扶危的俠義行為，但是有一般人仍保存著根深柢固的孤立主義，非常厭惡戰爭，不欲捲入任何糾紛；二、美國頗受英國的影響。英國人始終認為與美國有血源關係，是以應以英國的利益為優先，在外交方面也應與英國採取一致的態度。

韓戰和約英國堅持不允中華民國在上面簽字。

同樣的，在一九五一年簽訂對日和約時英國主張中共爲簽字國之一。聲明如果中華民國在和約上簽字，英國便拒絕簽署。自然美國不同意。結果決定中華民國與中共都不參加合約簽署。一九五一年九月八日有四十八個國家在對日和約上簽字，單單排除了我們這受日本侵略爲害最深最長久的中華民國！八年之內我官兵傷亡三百二十萬；老百姓犧牲者比前線軍人多達三倍，有一千餘萬慘遭屠殺或流離顛沛而死；財產損失四千八百八十億美元！卻被認爲沒有資格在對日和約上簽字，眞是史無前例的不平之事！一時舉國上下憤怒若狂！

一九五二年初紐約市長杜威拿了一本他寫的書《遠東太平洋之旅》(*Journey to the Far Pacific*)去送給蔣公夫婦，相見時甚爲融洽；但談到了對日和約的問題，蔣公夫婦均怒形於色，認爲中華民國是首先抗日的國家，受害最深，盟國卻不把中華民國列爲簽字國之一，不平之爭無甚於此者！藍欽那時也在場。他說他從來沒有看見蔣公夫婦如此激動過。

藍欽雖然十分同情我國，但他對盟國的決定也無可奈何。他對葉部長建議一個折中的辦法——讓中華民國和日本單獨簽訂和約。葉部長也表示可行。藍欽於是把這番談話向杜勒斯報告(杜時在倫敦)杜氏表示他也有如此想法，可是說服蔣公並非易事。他認爲中日之間情況特殊，和約中的條款有些是僅關係中日兩方而不適合加在多邊協定裡，所以不如由中華民國和日本單獨簽訂雙邊和約。蔣總統勉強俯允。爲了商榷此事電報頻傳，長達五個月之久。中日雙邊合約終於在一九五二年四月八日簽訂。五月二日葉部長送給藍欽一管曾用來簽約的毛筆，並附了一封短箋謝謝藍大使多方協助，使此和約終於成功的完成。

一九五三年元月艾帥就任第三十四屆總統。藍欽收到第一個命令就是請蔣總統撤退緬北國軍。自一九四九年我政府退出大陸後，緬北國軍就是唯一留在大陸的大批國軍。藍欽說那樁事是他在華任內所遭遇最困難的任務。對友邦國家絕對不可用威脅利誘的方式來說服。幸好那時王世杰是總統府秘書長，葉公超是外長，李彌是緬軍統帥，他們對美國的要求動機比較明瞭。藍求見蔣總統時說那是美國新任總統的第一件要求，希望能同意，建立一個好的開始，爲以後合作鋪路。一九五三年三月二十七日中華民國政府通知緬甸政府撤軍之事。有七千餘名軍人及眷屬陸續空運來台。

藍欽使華後幾乎每日上書國務院，封封都是促請美國援華

一九五三年二月藍欽升爲大使。他從事外交已二十六年，終於獲得此地位。那時他在華已兩年半，正滿五十歲。

第二樁使藍欽尷尬的事是華府誤會蔣總統鼓勵韓國李承晚對美國採取不妥協的態度，使蔣總統很生氣。

藍欽一直憂心怕韓戰停火後，美國就認爲不必要保衛台灣。他感到美國應與中華民國簽

訂一個共同防禦協定。一九五三年十月葉部長根據美菲防禦協定將草約擬好。中美雙方討論了一年半，終於在一九五四年十二月二日在華府簽約。此合約證實了美國對華政策已有了持續鞏固的基礎。

藍欽使華後幾乎每日上書國務院，封封都是促請美國援華。他主張派遣技術專家，軍事官員們來華訓練中華民國海陸空軍，組織軍事顧問團，經濟合作會，簽訂共同防禦協定，並建議以足夠的武器及裝備與汽油經常供給中華民國軍隊，直到中華民國能自給爲止。他回國述職時也找機會向國會、國防部、國務院等處報告或演講，陳述支持中華民國之必要，他對地主國之關切絕非一般冷眼旁觀，採第三者態度的外交官可比。

一向受到馬歇爾和重歐輕亞的艾契森國務卿的影響，杜魯門總統對華也存歧見。但他接見藍欽時，一看他進門便立刻站起來趨前和他親切的握手。可見藍欽的至誠使人感動。杜魯門曾經說過韓戰結束後，沒有必要保護台灣。聯合國也沒有對台灣與太平洋有任何安全計畫。藍欽爲此經常與駐在夏威夷的太平洋總司令雷德福海軍上將聯絡。每次回國述職，也必在往返的中途去拜見雷德福，希望能幫他說服華府派地面部隊駐紮台灣。經過了漫長的時日，由於藍欽的執著與鍥而不捨的努力，到了艾森豪作總統時，杜勒斯接掌國務院，他的建議終於一樁樁的實現了。

中美共同防禦的簽署，是藍欽使華的最高成就

一九五四年十二月二日，中美共同防禦的簽署是藍欽使華的最高成就，也使中美合作的關係達到最高潮。

中美共同防禦協定簽訂不久，在一九五五年一月十八日共軍猛攻一江山。兩天後便被攻下，守軍七百二十人全部壯烈成仁。那時國防部長是俞大維。他認爲那些離島沒有空軍保護無法防守，他希望美國空軍協防。一月二十四日艾森豪總統要求國會授權使用美國武裝部隊防禦台澎。藍欽認爲離島的失去，對美國的聲望與中華民國的士氣固然有影響，但如果實在無法防守，爲了保全軍民的生命不如撤退。那時大陳島已遭轟炸，於是政府決定在一九五五年二月五日將大陳島軍民及眷屬三萬人以運輸艦載運來台。那天藍欽親自赴大陳，目睹國軍把將才建好的防禦設備炸燬，軍民們扶老攜幼揮別了他們的家鄉。

一九五五年聯合國考慮外蒙加入聯合國。蘇聯允諾如果答應外蒙加入他們也會同意義大利、西班牙等十幾個國家加入，這是一樁整批交易。美國也贊同並請顧維鈞大使轉告我國，希望我國駐聯合國代表不要使用否決權。顧大使希望葉部長及藍欽大使看重此事。顧說如果我國不同意，美國可能中止美援及關閉大使館。藍欽立即到日月潭晉見蔣總統陳述此事之重要性。蔣總統說中華民國政府曾經做過一個錯誤的讓步，那就是簽訂中蘇友好條約，以爲如

此可以保證中俄三十年之友誼，誰知墨跡未乾俄已背約，他們不但沒有履行諾言，而且因之使我國失去了外蒙甚至丟了大陸。

一九五五年十二月十三日在聯合國大會開會時，外蒙古提出進入聯合國一案，我國駐聯合國大使蔣廷黻在安理會對外蒙進入聯合國一案投反對票，因此外蒙未入會，而美國也未採取任何行動。一九六一年，外蒙入會案又舊事重提。我國因和美國事先達成默契，所以蔣廷黻大使根本沒有投票。

正當中美關係非常融洽時，台北發生了一件不幸的事。一九五七年三月二十一日，一位美國士官雷諾殺死了我國公民劉自然。那士官說劉深夜闖入他住宅並在窗外窺視。他以爲是竊賊所以開槍打死他。由於沒有目擊者，只聽雷諾一面之辭，所以美國軍事法庭判雷諾無罪。劉自然的妻子在大使館門外抗議呼冤引起了圍觀者的不平，一些人衝進大使館搗毀了門窗家具及機件，有些憤怒的民眾還打進了美國新聞處。

這次事件發生時蔣公及藍欽大使均不在台北。蔣公在日月潭，藍欽正在香港訪問。兩人聞訊後均趕返台北。數日後藍欽晉見蔣公，他雖很嚴肅，但語調溫和。蔣公表示道歉，認爲這件事的起因主要是由於國人不了解美國的司法制度。蔣公向藍欽保證我國將負責賠償美國大使館及台北市內其他美國機構的損失。然後兩人一起喝茶。在藍欽起身道別之前，兩人都不再提起此事。藍大使處事穩重才不致使這檔事損及中美邦交。

藍欽大使是我政府遷台之後首任美駐華大使。他於一九五三年四月二日呈遞到任國書。距美國司徒雷登大使於一九四九年八月關閉美駐南京大使館差不多有四年之久。其間有一陣子美國實際上已不太理會我國，但由於韓戰爆發使美國改變態度。藍欽在台北受到熱烈的歡迎。不久之後藍氏夫婦即成爲蔣公官邸的常客。

一九五八年初藍欽奉命調至南斯拉夫爲大使，他在一月三日離華。行前蔣公贈他親筆寫的「同舟共濟」爲紀念。

藍欽在他的回憶錄《使華始末》（*China Assignment*）一書中載有他寫給國務院的數百封報告，讀來眞令人感到他對我國爭取同情與援助可謂無微不至。他使筆者想起三國時代東吳的魯肅。當年曹操率領百萬大軍要把劉備一夥人趕盡殺絕，逼得劉備棄新野，走樊城，敗當陽，奔夏口，依劉琦，僅剩餘數千兵屯居江夏。那時如果不是魯肅竭力促成孫劉合力抗曹，劉備的結局不問而知，更談不上赤壁之勝了。

我國初來台之際也處於風雨飄搖之境況。藍欽對我國之竭心盡力亦如魯肅。後人崇拜諸葛、關、張而往往不及魯肅。我國人也漸漸的忘了藍欽。筆者希望此文能喚起國人對他的懷念與感謝。

95 ◎ 藍欽(Karl Rankin)　美駐華第五任大使(第一位駐台大使)

藍欽大使。

蔣公與藍欽大使合影。

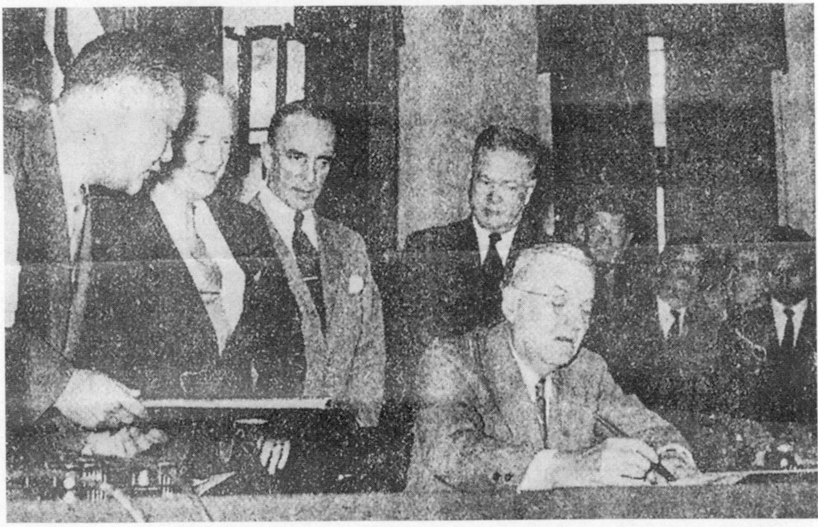

杜勒斯簽中美共同防禦協定。後立者(左一)葉公超部長、(左二)羅勃森助理國務卿、(左四)藍欽大使。

97 ◎ 藍欽(Karl Rankin)　美駐華第五任大使(第一位駐台大使)

蔣總統及夫人與藍欽大使及夫人。

莊萊德(Everett Drumright)

美駐華第六任大使

那是一所西班牙式的農莊，厚厚的土牆，門外一株大得驚人的仙人掌，有丈餘高，寬數圍，在重重疊疊一片片肥厚的綠油油的葉子當中，開著鮮紅的、嬌豔的花和同樣豔麗的碩大的果子。後面果園種著中國的柿子、金橘和石榴。客廳一張大餐桌上擺著色彩繽紛的瓜果，豎著一塊長牌，上面寫著：「歡迎吉梅和溫妮」，我們看了心中漾滿了溫暖的友情……

我政府遷台後美國第一任駐華大使是藍欽，第二任是莊萊德，第三任是柯爾克，一位海軍上將，賴特是第四任，也是一位海軍上將。

今年四月底在報上看見一則消息，標題是「美前駐華大使莊萊德病逝」使我大感不解。莊大使已於前年(一九九三年)四月二十四日逝世於美國加州南部。之後他的遺孀還來過台灣一次與我夫婦相見，怎麼會又登他逝世的消息？急忙往下看去。

「前美駐華大使莊萊德二十七日(四月)因病去世，享年九十六歲。莊萊德曾參加兩次世界大戰。戰功赫赫有名。並於一九六三年到一九六五年出任駐華大使。他在一九六〇年以海軍四星上將階退役。並在出使駐華大使之前在中央情報局服務。莊萊德身後留下妻子和一子一女。」

原來這消息把莊萊德 Everett F. Drumright 和賴特 Jerauld Wright 兩位大使混爲一談了。這兩位背景截然不同——一位是職業外交家，一位是典型軍人。所同者他們的姓讀起有些相近，只是莊萊德多了Drum中文譯爲「鼓」。莊夫人不呼丈夫的名字而暱稱他爲 Drum。她對這位夫婿幾近崇拜。她收集了一百多種來自各地，各式各樣的鼓，其中還有幾個用人皮蒙的鼓。那批鼓在莊大使逝世後已捐給了博物館。

使華時正値中共積極攻打金門馬祖

莊萊德和賴特夫婦與我夫婦均有三十餘年的友誼，感情深厚眞摯。他們非常熱愛我國及我國文化。莊大使退休後仍到處演講宣揚華夏文物藝術。他是中美文化教育基金會的理事，開大會時他都會由美專程前來。屆時莊夫人也組織了團體一同來台參觀博物館及文化機構。他們每次來無論節目如何緊湊，總會匀出時間來與我們相聚，多數是在圓山共進早餐，言歡敘舊，快然於心。但是去秋莊夫人來時形單影隻，容顏憔悴。我們見面互相擁抱，不禁熱淚盈眶。

莊萊德夫人與賴特夫人也有一個共同點，那就是她們兩位都是作家。莊夫人曾寫過小說。莊大使退休後她一直說要替丈夫寫傳記。前年莊大使噩耗傳來時我本想寫一點我所知道有關他的事來紀念他，但想到莊夫人的書一定很快要出版了所以沒有動筆。賴特大使的逝世使我又連帶的想起了那位和藹可親，溫文儒雅的莊萊德大使。

莊萊德生於一九〇八年，是奧克拉荷馬州人。一九二九年畢業於該州州立大學。第二年，他才二十二歲，就進入外交界，一直做到一九六二年退休，在外交界足足的服務了三十二年。他第一次外放的職務是駐墨西哥 Juarez 市的副領事。一九五八年出任駐華大使之前，由於他說得一口流利的中國話，又精通中文，所以一直被國務院派在中國服務。他曾在漢口、北平、上海、汕頭、南京、重慶等地擔任語文方面的工作。一九四五年被召回華府，在國務院任中國科科長。三年後外放，歷任漢城、新德里及孟買等地領事。一九五三年回國任助理國務卿，專管遠東事務。之後派到香港及澳門作有公使銜的總領事。他和弗勞倫斯 Florence 就是在香港相識而締結連理。

一九五八年他來華時正值中共積極攻打金門馬祖。當國務卿杜勒斯及艾森豪總統訪華時，炮轟尤烈。同時在紐約聯合國內也暗潮洶湧。一些親共國家正醞釀將中華民國會員席位及在安理會常任代表席位讓給中共。莊大使不遺餘力在各方面為中華民國爭取國際地位與促進中美兩國邦交。

對政壇厭倦，選擇世外桃源的莊園生活

一九六二年卸任離華後，就自外交界退休。在南加州買了一所果園，取名叫 Drum Haven 莊園。顯然他對國務院頗為失望，對政壇也相當厭倦。他對我們說除非不得已他不願來華盛頓。

外子(按：沈劍虹大使)駐美期間莊氏夫婦曾邀我夫婦到他們的莊園小住。一九七三年外子赴洛杉磯醫藥援華會演講，我也跟了去。莊氏夫婦自 Poway 驅車前來參加，會後就接我夫婦去莊園。那是一所西班牙式的農莊，厚厚的土牆，門外一株大得驚人的仙人掌，有丈餘高，寬數圍，在重重疊疊一片片肥厚的綠油油葉子當中開著鮮紅的、嬌豔欲滴的花和同樣豔麗的碩大的果子。那是我和外子第一次看見的如此龐大的仙人掌。以前我們看到的仙人掌都是種在小花盆內，更從來不知道仙人掌會結果子。我對莊夫人說這果子如果能吃一定可以延年益壽。莊夫人說「當然可以吃，但我們都是拿它來做軟糖。」

坐落在林蔭深處的平房，寬暢涼爽，屋頂是用樹皮疊成，比新式房屋要厚兩三倍的牆，把驕陽喧囂隔在屋外。後面的果園種著各種的果樹，其中有中國的柿子、金橘和石榴。我們

走到客廳裡只見一張大餐桌上擺著色彩繽紛的瓜果，後面豎著一塊長牌上面寫著：「歡迎吉梅和溫妮」。我們看了心中漾滿了溫暖的友情。

在莊園的三天裡萬慮全消，使我們非常羨慕這世外桃源似的生活，禁不住時時溢於言表。莊夫人聽了笑一笑，把雙手伸出讓我摸了一下。我觸到了她粗糙的雙手，不由得又注意到她曬得黑黑的臉，皺紋比在台北時增加了很多。她說：「那些果樹像孩子一樣要時時照料、施肥、除蟲和灌溉，結了果子吃不完拿來做果醬或曬乾了做乾果。一年四季有做不完的活兒。」臨行時莊夫人送給我們曬乾的無花果和柿子，還有一盒仙人掌果糖，顏色和果子一樣鮮豔，吃起來酸酸甜甜的十分可口。

悲歡歲月中的故人往事

今年年初莊夫人來信說她已搬出了「莊園」。「從二月初到四月我的哥哥姊姊們(她共有七位兄姐)都來幫我搬家。在莊園住了二十八年。綑紮包裝這些累積的東西眞是一樁可怖的工作。當我收拾這堆積如山的物件時，不時勾起無限甜美與辛酸的回憶，故人和往事在多少悲和歡的歲月中，一幕幕在腦中掠過。我很高興你和吉梅曾來莊園小住，那是多麼快樂的回憶！莊非常愛這個地方。但是他現在走了！沒有他這地方已無可留戀，只是一大堆的工作——除草、拖地板……。我現在住在瑞明頓俱樂部的一所公寓裡，終於擺脫了料理那所大房子和果園的辛勞。我可以把門一鎖就出去遊歷了。」

「五月初我去了伊里諾州看朋友並參加伊大春季慶典。在那次慶典中成立了莊萊德基金會爲中國和美國學生籌獎學金。」

「六月裡伊大又請我遊歷中國大陸。我去了上海、北京、成都，然後直飛西藏拉薩。在飛機上看見白雪皚皚的山巔上坐落著像神仙故事中的城堡，碧藍的天空，狂風把白雲吹得亂飆，那城堡飄忽隱現如在幻境。在我有六十年飛行經驗中，從未見過比這個更美的景象。那超凡絕俗的地方海拔一萬二千呎，氧氣稀薄。我們爬山時行動緩慢，還要時常做深呼吸。終於爬到了達賴喇嘛的廟裡。啊！多美的景色，幾疑不在人間！忽然晴朗的天空降下了繽紛大雪。這也是我畢生頭一遭的經驗。」

悲天憫人受中國文化薰陶極深

莊夫人在最近的一封信上說：「我正在整理東西準備搬到樓下一所大一些的公寓裡。雖然只有那麼短的一點點路，但是也不簡單，特別是那一大堆書。我愛那些書，每一本都愛！希望我有時間一本一本的把它們看完。我在奇怪，有了那麼多的書爲什麼我還要再寫一本？可是那些書沒有一本是關於Drum的。雖然寫出來也許只有少數的人要看，但那本書對我來說還是很重要。尤其是我喜歡寫它出來。你是我的朋友中最能了解我的心情的。」

想來莊夫人一定正在撰寫《莊萊德傳》。一面寫回憶他們結縭三十六年中的種種甘辛。莊萊德結婚時已五十歲。朋友們都以爲他將獨身終老。誰知在香港遇見了這位才氣縱橫的女作家就投降了。

寫到這裡，我腦海中浮起那高大的，慈眉善目，談吐溫和，彬彬有君子之風的莊萊德大使。他受中國文化的薰陶很深，討論文藝或政事時喜歡引用中國成語。他雖時常面帶笑容，但笑容逝後卻現出淡淡的憂傷。目光也經常蒙上彷彿悲天憫人的薄霧。他雖然大半生在宦場中，但對爭名奪利很厭惡。在他二十八年退隱的生活中享受了中國詩人墨客所喜愛的田園之樂。但在那些悠閒的日子裡他似乎仍蘊藏著絲絲的煩惱。我們希望莊夫人的書能解釋出莊大使內心深處的隱憂。

莊萊德大使。

莊萊德大使及夫人。

柯爾克(Alan Kirk)

美駐華第七任大使

繼莊萊德擔任駐華大使的是柯爾克，他來使華期間很短，只有數月之久(一九六二年七月五日—一九六三年一月八日)。雖然很短，但他留給見過他的人很深的印象。他曾擔任過海軍艦長，待人接物就像一位老艦長在艦橋上大聲疾言厲色下達命令般神氣，沒有一點溫和有禮的氣質。當時任蔣公秘書作翻譯官的是沈劍虹，他看得出來蔣公實在不喜歡柯爾克的態度，但蔣公還是用很安詳的、心平氣和的口吻和他會談。但有一次聽到蔣公自言自語的說：「怎麼會有這麼不懂禮貌的人！」

有一天柯爾克要晉見蔣公，沈秘書奉命到陽明山總統別墅擔任翻譯，他的座車緊隨在柯爾克的座車之後，在通往別墅的一段坡道前，一名警察揮手要柯爾克的座車暫時停下來，以免和一部正從別墅駛出的車輛相撞。沈秘書聽到柯爾克對這名警察吼叫道：「你好大膽，竟敢要美國大使的座車停下來！」口氣像似台灣是美國的殖民地。

柯爾克在駐華期間沒有交到一位朋友。乏善足陳。

賴特(Jerauld Wrigth)

美駐華第八任大使

一九九五年四月二十七日，正當參加第二次大戰的歐美國家積極的籌備慶祝五月八日歐戰勝利五十週年紀念日時，一位戰時英雄默默的在華府逝世。他也就是曾任美駐華大使的海軍上將吉瑞賴特(Jerauld Wright)。

「一將功成萬骨枯」!可是賴特卻曾挽救了至少數萬士兵的生命。他在盟軍登陸北非的前夕冒險潛入已爲德義軍所占領的原法屬北非，與地下組織取得聯絡爲盟軍登陸鋪路。事成後又再赴淪陷的法國救出了甫自獄中逃出的吉羅將軍(Henri Giraud)，把他送去北非擔任領導法軍地下解放軍的領袖。他這兩次冒險得來的成果使盟軍在一九四二年十一月八日順利登陸北非，半年後肅清當地德義軍隊。自此一帆風順盟軍節節勝利。一九四三年七月十日英美軍在西亞里登陸，二十六日推翻美索里尼政府。義大利在九月八日投降。一九四四年三月俄軍分南北兩路經羅馬尼亞、波蘭直搗德國。一九四五年包圍柏林與美軍會師，希特勒自殺，五月八日德國投降，歐戰結束。

賴特兩椿使命不費一槍一彈卻操盟軍在歐反敗爲勝的關鍵。德軍自一九四九年九月攻陷華沙，入侵丹麥及挪威。四〇年入占荷蘭、比利時及盧森堡，當年五月十三日破法軍防線，自法東北長驅直入把英法盟軍驅出敦克爾克，拋下了很多的軍火輜重。六月十四日巴黎淪陷。敦克爾克之役可以說是盟軍的奇恥大辱。北非登陸士氣大振一雪前恥。吉瑞賴特這位幕後英雄雖然在美國曾轟動一時，但在其他國家內卻很少有人知道。

他退休後三年奉派爲駐我國大使（一九六三—六五），兩年之內他夫婦結交了很多中國友人。我夫婦也與他們過往頻仍。賴特卻從未提及他當年之勇。直到後來讀到了賴夫人所寫的書——《一位海軍妻子的札記》（*A Navy Wife's Log*）（一九七八年出版）才詳細的了解了那兩椿秘密使命的全貌。

賴特夫人本名斐麗斯湯普森（Phyllis Thompson），原籍蘇格蘭。母系曾祖麥基弗 Mekeever 遷美，是密西根州第一任州長，並創立該州州立大學。父親爲一般實商人。第一次大戰後美國經濟衰條，家道中落，她被逼四處求職。她頗有文才，終於在華府被聘爲《華府星報》社交版之主筆。她才貌雙全加上性情豪放灑脫，氣宇不凡，不多時竟成了美首都的知名人士。尤其是她與英國大使夫婦關係拉得很好，不時得到很多獨家報導的機會。

她和吉瑞賴特第一次會面是在一個園遊會中。她形容這位未來的夫婿——高大挺拔，衣著考究，有幽默感，時常帶著一種優妙的笑容。交往不久又發現他是一位理家能手，無論任何物件他都會修理，對於修鐘錶更是拿手。尤其難得的是他雖是軍人但性情非常溫和，有容忍有耐心，眞是一位無懈可擊標準作丈夫的人。斐麗斯卻叫他足足的等了兩年才答應嫁給他。理由是她那時正是春風得意，不但事業有成就而且有不少男士爲她傾倒。

斐麗斯的特點是她那兩條濃眉和亮晶晶的大眼加上高䠷的身材，和瀟灑不俗的氣質，使人過目難忘。便是在千百人中也立刻爲人注目。有一次老羅斯福總統的女兒艾麗絲(Alice Roosevelt Longworth)請她吃飯，旁邊坐的是一位軍官。第二天近午時分那位軍官帶了一個隨從到報館來找她，想請她出去吃午餐，還帶來一朵紫色的蘭花送給她。斐麗斯認爲那花的顏色不配她的衣服，尤其她根本不喜歡紫色，便婉言謝絕了。軍官走後，同事們都跑來叫道：「妳知道他是誰嗎？他是當今赫赫有名的陸軍參謀長麥克阿瑟將軍呀！」

賴特來華後與夫人首次晉見老總統蔣公及夫人時。夫人看見菲麗斯第一句話就說：「妳長得很帥！」。「帥」字普通是用來形容男士的。賴夫人在她書中很謙虛的說：「我大概太沒有女人味了。」

吉瑞賴特生長於軍人世家。父親是陸軍將軍。曾在第一次歐戰中立功。賴有一兄一姊。哥哥梅生也屬陸軍，是一位多才多藝的人，會演戲、繪畫、寫作，還是個烹調能手。他熱情洋溢，風趣絕佳。姊姊年齡最長，嫁給季大衛已有兩男一女。賴特最小是母親偏愛的么兒。

斐麗斯對賴家這一家人個個都有好印象，尤其是賴老將軍的風度與雋智使她崇拜。

一九三七年斐麗斯終於答應嫁給吉瑞。在他們結婚的前夕，她未來的公公給他一番忠告。老將軍把她單獨找來說：「我懷疑妳知不知道嫁給一個軍人所面臨的一切？這完全與一般生活不同。妳不可能在任何一個城市內生根，買房子作永居之計。你才安頓好就可能接到命令派到另外一個地方去。軍餉也比其他行業來得菲薄……最要緊的是你要了解，無論妳的想法如何，對吉瑞來說海軍永遠是他的第一優先。如果你認爲不能忍受那樣的生活，妳最好不要嫁給我的兒子！」斐麗斯正視著老將軍，毫不猶疑的說：「謝謝你，老將軍，我受得了。」

婚後老將軍的忠告一一實現！自一九四一年長女瑪麗安誕生後到歐戰結束，他們每三個月就要搬一次家。生活雖然顛沛不安，卻讓他們躲過了一九四一年十二月七日珍珠港的災難。

一九四二年六月賴特奉命去英國倫敦在史塔克上將下面服務。戰時軍人不能攜眷出國，於是賴夫人和孩子便留在華府，她參加了紅十字會。

有一天她收到丈夫一封信說他將出去做一次巡察工作，可能有一段日子不能和她通信。誰知第二封信很快的又到了。信上說：「我和四位同伴睡在一間僅有九呎寬十二呎長的小間裡，白天睡，晚上工作。臨睡前有雞尾酒喝。」很像是生活在一艘潛水艇裡。奇怪的是信箋上印的是英國國徽。美國軍艦上是禁止飲酒的，所以斐麗斯猜測那是一艘英國潛艇。

過了不久消息傳來盟軍在北非順利登陸。有一天斐麗斯從紅十字會工作回家，女兒的保姆急忙告訴她電報局打來電話說有賀電，並且說賴特上校成了英雄。斐麗斯急忙打到電報局去問。接電話的小姐說：「不是一份賀電，是無數的賀電！」她答應立刻送來。接著報館記者們又接連著打電話來要來訪問。斐麗斯如在雲裡霧中不知如何應付，直到她看了晚報才知詳情。報上說：

「艾森豪將軍今日透露，在盟軍登陸北非之前三星期曾派克拉克將軍、賴特上校、藍尼茲將軍及三位英國軍官乘潛水艇入法屬北非(時已淪陷)，與地下組織之法軍司令查爾斯馬斯特晤面取得重要情報。當他們在一農莊會面時，維琪(時當僞政府)手下之警察曾來搜索。克拉克等藏在酒窖中得免於難。但當他們乘小皮筏回到潛水艇時風浪大作、狂飆把克將軍及一些人的褲子吹落，一箱裝滿金幣的箱子也颳落海中。當筏上人驚惶失措時只聽得吉瑞賴特大聲吼道：「去他的褲子！抓緊槳！」成了名言傳頌一時。

賴特回到倫敦睡了十八個小時才到總部去報到，不料又立刻派他去淪陷的法國去救一位甫自獄中逃出來的亨利吉羅將軍(Henri Giraud)。這位將軍在大戰初曾任軍長，一九四〇年五月被俘。一九四二年四月由獄中逃出。盟軍要把他救出法國，送到北非去領導法蘭亞地下解放軍，準備盟軍攻北非時，裡應外合。這位吉將軍對英國有惡感，發誓絕不坐英國船，問題是當時沒有美國潛艇在歐洲，而約會的時間又逼在眉睫，賴特這位美海軍上校成了最合適的人選，他全權承擔了這個使命，作了英潛艇色瑞夫(H.M.S. Seraph)的艦長(爲執行克拉克任務之同一條船)。他成功的救出了吉羅將軍，把他在盟軍登陸之前數日送到北非，擔任該處解放軍之總司令。合眾社報導說：「法將軍亨利吉羅乘一艘盟軍潛艇逃出法國潛入北非。救他的是吉瑞賴特，華府人士，他在德國緊密的監視下救出了這位高大的，沒有任何監獄可以關得住的，吉羅將軍，他本身就是代表法國決心與納粹奮鬥到底的象徵。」

這兩次出生入死的使命奠定了吉瑞賴特扶搖直上的基礎。他由上校升爲准將，中將，上將，而四星上將。一九四七年奉派去歐洲作布萊德雷將軍的副手。後又任美國在大西洋及地中海之海軍總司令。他與夫人時常乘艦訪問歐洲及地中海沿岸的國家，到處都受到熱烈的歡迎。當他們在訪問錫蘭首府可倫坡時收到電報升他爲四星上將，兼三要職——盟軍駐大西洋總司令，美軍大西洋艦隊及軍隊總司令。

吉瑞賴特在海軍服務四十六年後，於一九六〇年退休，定居華盛頓。一九六三年五月奉派爲駐華大使。賴大使的前任柯爾克上將頗爲倨傲，柯夫人亦淡漠寡交，所以當這位經常面帶笑容，平易近人而有充分的幽默感的新大使來臨時立刻贏得人們的友情。他已達六十七歲高齡，白髮蒼蒼且有些重聽，但目光炯炯有神，他的嘴角天生上翹，雖怒時似笑，所以沒有人看見他發過脾氣。他雖爲武將卻有文才。演講時妙語雋永，耐人尋味。賴夫人以曾任《星報》社交主筆之經驗，爲人又爽朗熱情，在他們官府作客是難忘的樂事。尤其是聖誕及新年的歡宴必過午夜。記得大家互賀聖誕或新年後，賴特大使便親自燒咖啡饗客。酒精爐上放一個圓鍋，咖啡烤香後，倒入上好的白蘭地酒，一時滿室飄香。每人一小杯，飲後精神煥發。稍進早餐，那興高采烈的賓主還要高歌一曲才盡歡而散。

一九七一—七九年外子和我在華府，賴氏夫婦每逢慶典，必來雙橡園慶賀，我們也經常被邀在「托辭俱樂部」(Alibi Club)享受以賴家特有的食譜烹調出來的美味。在那俱樂部中有賴大使親製的各式鐘錶。有一架鐘的背後畫著一位美女隨著鐘聲柳腰款擺。

賴夫人在她最近出版的《台灣札記》(*Taiwan Scrapbook*)跋文中提到：

「美國發表承認中共的那天，吉瑞和我在收音機中聽到了這消息，立刻乘車趕到雙橡園來表示我們對這件事的懊恨與惋惜……溫妮和我互相擁抱而泣……」

當我聽到賴特大使去世的消息後，又把賴夫人寫的兩本書拿來重讀一遍。讀到這篇跋文，彷彿又回到了十七年前那段傷心的日子。我感到高大的斐麗斯緊抱著我的雙臂，和她滴在我肩頭的熱淚。想起了賴特大使悵惘的神情，那是我第一次看見他的口角下垂！於今我們多難之邦又失去了一位好友。撫今追昔千愁萬緒湧上心頭。

賴特大使及夫人與子女。

美駐華大使賴特。

賴特大使(上將)夫婦與胡旭光將軍。

馬康衛(Walter MacConaughy)

美駐華第九任大使

馬大使沉默寡言但誠懇篤實，待人接物親切真摯。筆者與馬夫人更是有緣。陶樂斯有著線條分明像雕刻出來的輪廓，柔和淺棕色的秀髮，無風時好像也在飄動。她那雙明亮的眸子彷彿可以將接近她的人映在她光芒的瞳仁上，再印在腦中。

老來息交絕遊，僅憑一紙賀年片向親友問候，同時也讓關切我們的人知道我夫婦尚在人間。

多年沒有收到曾在我國任美國駐華大使八年之久的馬康衛夫婦(Ambassador and Mrs. Walter McConaughy)的回卡。以往的經驗告訴我們這是不祥之兆。去年年初在我收藏的故紙盒中找到了他們最後的一封信夾在賀卡中：

「親的吉梅和溫妮：你們一定在猜我們已經忘了你們，因爲我們很久沒有寄信給你們。

但絕非如此。我們非常的想念與牽掛你們。

這兩年來我們倆都有健康問題，非常辛苦。華特為了體質退化動過三次手術。用雷射治療後他的一隻眼完全失明！但他現在已能應付得相當好。我們倆開始又要回到正常的生活秩序了。

我們最感到高興的事是我們兩個外孫都上了很好的大學——外孫女進了 Duke 大學（馬大使之母校），外孫考上了 Brown 大學。

祝你們有一個快樂美滿的中國年！我們多麼想再和你們一起慶祝！那是難忘的回憶！

華特與桃樂斯」

我當時看這封信的時候沒有注意到信角上的電話號碼，他們是否想我們這對中國好友會打個電話向他們一敘舊情呢？我開始感到內疚。

久未聯絡，痛失故舊

不久收到一封信。信封上寫的寄信人是珠馬康衛（馬大使之次女，曾在台北舉行婚禮），我的心突然停跳了一下，急忙拆開一看，果然是噩耗！

「親愛的沈先生及夫人：

我懷著憂傷的心情告訴你們，我的雙親相繼在近期逝世。自今年（二〇〇〇年）十月診斷她患有癌症以來，母親一直勇敢的對面對這惡疾直到最後一刻。我感謝神能讓我陪伴她度過最後的一年，在她家中照顧她。她的病沒有奪走她的燦爛的精神與美貌。

我父親失去了她也失去了歡樂。差不多在我母親逝世不到兩個月，也忽然得了肺炎，在醫院住了四天便去世了！

我眞正要你們兩位知道，我的雙親時常提起你們的友情與溫馨的回憶。我母親甚至最近還提起她很抱歉，不能跟她的好友——像你們兩位——聯絡。他們在過去幾年實在無法做到，但是你們時常在他們的懷念中。

我附上他們的悼文——我父親的登在紐約時報上；我母親的登在亞特蘭大本地報上。

珠(華特及桃樂斯之女)

我含著淚讀了《紐約時報》二〇〇〇年十一月十四日的剪報：

「華特馬康衛是國務院遠東問題專家。他曾駐於頗爲重要的國家爲大使——緬甸、巴基斯坦、(韓國)與中華民國。在今年十一月十日病逝亞特蘭大之醫院內，享年九十二歲。一九三三年被調日本神戶與大阪在那兒服務了七年。其間也曾短期的駐台灣及長崎。

一九四一年他派去北京。那時已被日軍占領。日機突襲珍珠港後，美國對日宣戰，他被關到集中營，一直到美日互換俘虜時才獲釋放。他輾轉的到了南美玻利維亞大使館作了兩年商務參事。後又到里約熱內盧駐過一年。回國後他進了軍校研讀一年之久。

一九四八年又回到中國任美駐上海總領事。那時毛澤東的軍隊已漸漸逼近，領館陷於戰場。上海在一九四九年五月易手。馬康衛繼續停留了一年直到一九五〇年五月才撤館。上海是美國駐華使領館最後一個閉館的總領館。美國國務院給他一個獎狀讚揚他在那個危險時期爲了保護美僑及美國的利益優良的服務。並立刻派他去香港作了兩年的總領事。

出任駐華大使，長達八年

他回華府後在國務院作中國科科長五年之久。艾森豪作總統時被派到緬甸作大使。一九五七年轉任南韓大使。兩年後他又回華府作了助理國務卿主管遠東事務。甘迺迪即位後派他出使巴基斯坦。他的一下任也是最後一任是出使位在台灣的中華民國。出意料竟作了八年之久，由一九六六年到一九七四年。回國後即退休。他遺有兩位女公子——派翠西亞麥爾斯與珠(Patricia Myers anhd Dru)。珠與父母同居亞特蘭大。馬大使有姊妹二人——瑪利瑞福特與凱金肯斯，並有兩位孫輩。與他結縭六十三年的夫人桃樂斯不幸先他而去。在去年九月二日病逝。」

馬康衛大使夫婦逝世至今已一年多。本以爲會有很多紀念他們的悼文，可是只讀到一篇而已，那是顧維鈞大使及葉公超外長合作數椿大事如中美共同防禦協定之談判，外島危機之處理，毛邦初等均有貢獻。一九六一年任助理國務卿主管遠東事務對亞洲有了更深的了解，時常與巴奈特、簡金斯、舒史密等中國通辯論，尤其是當他們主張把中華民國逐出台灣外島時，提出強烈抗議。一九六六年一月馬康衛出任駐華大使。

在沈劍虹大使所著《使美八年紀要》一書中提及：「馬康衛駐華八年之久。任期比任何一位前任大使都長。馬氏夫婦都是美國阿拉巴馬人。他們親切的態度深受國人喜愛。他們足跡遍及台灣各地。他們和每一位遇到的人談話，並且對一切中國事務都感興趣，包括國畫和太極拳。馬大使和我國政府官員(不僅外交官)都保持良好的公共關係。在我國社會任何階層他都受人歡迎。他經常到台灣各地民間團體發表演說。他於一九七四年離任時在機場有大批的我國人士爲他們夫婦送行。」

尼克森上台後爲了防俄及結束越戰不惜犧牲中華民國，導致我國在聯合國會員及安理會席次均發生嚴重動搖。當時馬康衛爲駐華大使，亦曾爲維護我國之利益竭盡心力。

史學家錢穆說過：「治史有八字最重要：『世運興衰』與『人物賢奸』。批評歷史人物自有一標準。賢是指內心方面的德性。」馬康衛大使當「賢人」而無愧。

閃電婚姻，共譜奇緣

馬康衛夫人桃樂斯 Dorothy Davis 生在佛羅里達州，但在安達魯西亞長大。當她就讀於蒙特維婁學院時認識了馬康衛的妹妹。一九三七年馬氏由日本神戶回國探親，經妹妹的介紹認識了桃樂斯。他一見傾心。加上桃樂斯有顆強烈的冒險與好奇心，認為嫁給外交官可以有機會到各處奇鄉異地去遊覽。兩人閃電式的愛情在兩個星期內已同意婚嫁。當她告訴父母說要嫁給一位他們從未謀面的人，還要婚後即刻去日本定居，這好像是對他們說女兒要去月球。

到了日本後，馬夫人每星期都寫信回家，最重要是向媽媽討食譜。因為她自己已不會燒飯，也不會以日本話教她的日本廚娘如何燒美國的南方菜。她丈夫的工作又帶她到了巴西、南韓、巴基斯坦、緬甸與中華民國。

當《亞特蘭大日報》記者訪問時，大女兒派翠西亞說她媽媽每一次要搬家到另外一個國度，她都會興奮鼓舞，也設法使她家的孩子們同樣的嚮往。作一位職業外交官夫人，她對每一次新的外放職務都懷著無窮的企望。她的次女珠也說：「媽媽要灌輸給我們她自己的興奮。她說我們可以遇到新的人物，學到新的文化，嘗試到新的一切。她希望我們也感到和她一樣的得意。」派翠西亞又接著說：「媽媽始終如一的做爸爸的好幫手。當他們站在門迎接賓客時她會低聲提醒丈夫下一位客人的名字。她的記憶力非常好，過目不忘。她為人又和藹可親。可說和爸爸一樣是一位稱職的大使。」

三十多年友誼，令人難忘

馬康衛夫婦來華時，外子爲蔣公總統秘書兼新聞局長，所以有很多機會和他們見面。一九七四年他們回國退休後雖在南部定居，但每年暑期都會到他們在華盛頓特區與賓州的交界藍嶺山(Blueridge Mountains)的別墅避暑，一直住到我國國慶日來雙橡園道賀才回亞特蘭大。那時外子已任駐美大使，又得與他們重聚。馬夫人勤儉持家，每次請我們至藍嶺別墅總親自烹調饗客。記得赴宴都在初秋時分，那藍嶺山的樹葉已變得五彩繽紛，好像天上的彩霞降下凡塵。「輕寒染得山林醉」遊人也如醉酒一般。加上主人熱情的款待，眞是難以磨滅的回憶。馬大使和夫人有時也會不遠千里飛來和我們一起過中國年。我夫婦回國後仍與他們互通音訊。算來於今也有三十多年的友誼。

馬大使沈默寡言但誠懇篤實，待人接物親切眞摯。筆者與馬夫人更是有緣。陶樂斯有著線條分明像雕刻出來的輪廓，柔和淺棕色的秀髮，無風時好像也在飄動。她那雙明亮的眸子彷彿可以將接近她的人映在她光芒的瞳仁上，再印在腦中。她見過的人都清晰的記得名字。在中華民國很快成了最受歡迎的外交官夫人。她操著儂軟的美國南方口音。她無窮的好奇心對任何新奇的東西都感到興趣。舉一個例子——她是朋友中第一位發現傅培梅的廚藝，帶著我們一群人去學烹飪的。記得那是在傅老師的院子裡上課，忘記誰作她的翻譯。馬夫人並且爲傅培梅第一冊中英對照的食譜寫序文。

一九七八年十二月三十一日。馬康衛夫婦特地由亞特蘭大趕來爲我們送行。到了雙橡園我們已去了飛機場。無緣惜別竟成永訣！

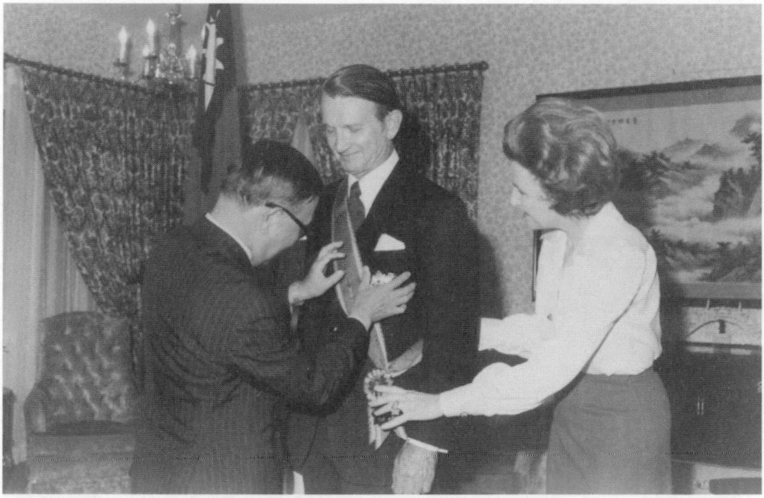

沈大使贈勳與馬大康衛大使。

馬康衛大使夫婦與沈大使。

作者夫婦與馬康衛大使及夫人。

馬康衛大使夫婦與作者夫婦及作者次女沈忻。

詹森大使夫人(左)與馬康衛大使夫人。

安克志(Leonard Unger)

美駐華第十任大使

我政府遷台後美國一共前後派來六位大使——藍欽、莊萊德、柯爾克上將、賴特上將、馬康衛與安克志。

藍欽大使於一九五〇年八月來此爲駐華公使，一九五三年四月二日升爲大使，一九五八年一月奉調爲南斯拉夫大使，共使華七年兩個月。繼任莊來德大使於一九五八年初來華，一九六一年三月六日離華，駐華三年。接著派來的是柯克海軍上將，不到一年。賴特海軍上將繼任，駐華三年餘。馬康衛大使駐華最久，自一九六六年六月二十八日抵華到一九七四年四月五日返美，駐華幾近八年。最後是安克志大使，自一九七四年來華到一九七八年十二月中美斷交後又遲了兩星期才回美國，也駐華幾近五年。

藍欽是職業外交官，爲人眞摯熱誠，臨危不亂，使華期間廣受朝野的尊敬。莊萊德與馬康衛也是職業外交官，兩人先此曾任職中國，通曉中文。對中國文化藝術頗爲欣賞，謹愼的維護中美邦交，也時時關注美國本身的利益，留下了美好的印象。柯爾克上將則截然不同，倨傲無禮對我領袖態度強硬，出言不恭，回國後向甘迺迪總統報告說：「蔣介石正計劃反攻大陸，遲早要把美國捲入其中。」他只作了不到一年便因病離職，回美後不久即逝世。賴特上將夫婦均和靄可親，頗得人緣。馬康衛大使及夫人來華時筆者外子適爲新聞局長兼外交部發言人，又繼續爲總統英文秘書，有很多機會交往，奠定了數十年的友誼。馬大使沉默寡言但誠懇篤實，待人接物親切眞摯。馬夫人陶樂斯熱情洋溢有超強的記憶力，見過的人過目不忘，是夫婿的賢內助。他夫婦很快的成爲最受歡迎的人物。

繼任的是安克志大使，當他任命發表時筆者夫婦已在華府。當天即在《華盛頓星報》讀到這消息，以大字標題登載 U.S. Vows Taiwan Link「美誓與台鞏固關係」，並登載蔣總統與安大使的照片。文曰〈美國重新提出對台繼續保障具安全之承諾〉，提名新美駐華大使安克志 Leonard Unger。中國國民政府爲此新的中美關係而歡躍。這新的提名證實雖然美與北京關係有進展，但與台之友好仍繼續。蔣委員長手下之有些官員曾深恐馬康衛大使退休後，不再派使節或是派一位資歷較淺的使節來華。安克志不但是一位資深的外交官，而且一直在紊亂的亞洲國家冷戰中居於最前線的地位。外交界著名的觀察家認爲他正是接替一位與蔣總統關係良好，不但長久，而且異常接近的一位前任。」

安克志出生於一九一七年。曾入哈佛大學專攻地理，且研究國際關係與政治，一九四〇年入外交界任事。一九七四年由駐泰大使轉任駐華大使來台，一九七八年底回國共駐華近五年。

安克志使華期間，外子和筆者適在美國華盛頓，僅在外子回國述職時間簡短的會面數次，與在一九七八年底中美斷交後共渡了一場悲涼的道別。

安克志夫婦均高大軒昂，氣度不凡但卻異常謙恭，平易近人。我們初次會面時安大使穿的是泰國服裝頗爲醒目。安夫人溫文儒雅，安大使談笑風生，我們會面一見如故似曾相識。不數日安夫人就約筆者同至美國新聞處聽魏景蒙演講。景蒙是筆者三兄，但他演講我從未聽過，那是第一次。景蒙兄發現我在聽眾之中也十分詫異，記得他那次講的是「筷子」，頗爲風趣。

一九七八年十二月十五日，那時正値美國國會聖誕節休會期間，卡特總統特別挑選這時機，趁議員們多數回家度耶誕不在華府時發布驚天動地的新聞。他並以「臨時約見」尚未返家的議員請他們赴電視台休息室等候他發表「重要消息」，並囑「不得擅離」。他是蓄意躲避反對的聲浪和可能的阻礙他宣布與中共建交而與我斷交的聲明。這位寫《再生的基督徒》的美國總統在耶誕節玩此手法實屬不當。

美國一九七八年十二月十五日晚在台北已是十六日，安克志大使正在參加美僑商會的耶誕晚會時，接到美京打來的急電要他立即通知我總統蔣經國，並聲明在兩小時後即正式宣布關於斷交之事。此事安大使事前毫不知情（事實上除了卡特自己及他的親信之外無人預知）。安大使立刻回電爭執必須延至七小時後發布，俾使中國能從容作適當應付。他心中的不滿和尷尬可以想見。他一直表示美國不要壓迫台北和北京儘速達成和解的辦法，認為這是中國人之間的問題，應由中國人自行解決，美國人只應運用影響力，不要使中共對台施用壓力。他也反對台灣宣布獨立，中共將難以坐視不動毫無反應，這會使台招致危機。他更認為中華民國今後在外交上應該不斤斤計較於官方的名義而在致力於較實際的方式上開展原與台灣關係不深的國家建立雙邊關係。

一九七九年安克志退出外交界轉任波士頓塔夫茲大學（Tafts College）教授，兼在哈佛大學開一講座專講美國—中共—台灣關係。筆者美籍義女 Joey Bonner 中文名為「沈怡」，繼長女「沈悅」、次女「沈忻」之後成了筆者第三女。她當時也在哈佛授課。結識安大使後曾即刻打電話告訴我們。她是沈悅在加州理工學院 Caltech 就讀時導師 James Bonner 的獨生女，於一九六五年來台北就讀中文後以〈王國維〉為畢業論文，曾寄居筆者家中相處十分和洽遂結此緣。

安大使於卸任後曾來華三次訪問舊友，並留一子在台求學。此子對中國書畫皆學有專長，曾書一幅草書贈筆者夫婦，惜因遷居多次遺失。

作者夫婦與安克志大使夫婦。

安克志大使與沈大使夫婦。

安克志大使。

書評

陸以正

這本一百三十幾頁的小書，只有身歷我國外交界幾十年的人才寫得出來。作者一方面既有親身經歷，另一方面又能用她獨特的眼光，觀察國際間你虞我詐的關係。

本書前言中，她引述美國海軍戰略家馬漢(Adm. Alfred Thayer Mahan, 1840-1914)上將的話說，「條頓民族與斯拉夫民族早晚會有一場大戰，而決戰的戰場可能在中國。」馬漢如仍在世，究竟超過一百七十歲了。時移境遷，他的話可改成今日語氣：資本主義與共產主義遲早會攤牌，而這兩種思想的優劣，將在中國得到驗證，更能發人深思。

本書以中美邦交爲主軸，二戰前各國只互派公使；一九三五年後才提升爲大使。作者把詹森(Nelson T. Johnson)、高思(Clarence Gauss)、赫爾利(Patrick Hurley)、馬歇爾(George C. Marshall)、司徒雷登(John Leighton Stuart)、藍欽(Karl Rankin)、莊萊德(Everett

Drumright）、柯爾克（Alan Kirk）、賴特（Jerauld Wright）、馬康衛（Walter McConaughy）和安克志（Leonard Unger）一共十位大使和一位特使的生平，娓娓道來，文筆流暢，可讀性很高。

作者或許拘泥於傳統外交觀念，因而寫到安克志大使後，戛然而止。其實一九七一年先有我國退出聯合國，一九七九年由於卡特總統受布列辛斯基（Zbigniew Brzezinski）教唆，「打中國牌」作爲對抗俄國的手段，因而與我國斷交後，雙方實質關係不僅持續到現在，且能日久彌新，歷任美國在台協會（AIT）理事主席與駐台代表，功不可沒。

台灣把「實質外交」的藝術，發揮得淋漓盡致。老實說，一九七九年以後，雙方互相派駐對方首都的歷任代表，也應分享一些榮譽。在台灣方面，有夏公權、蔡維屏、錢復、丁懋時、魯肇忠、胡志強、陳錫蕃、李大維、吳釗燮，和現任的袁健生。

至於美國駐台代表，則前後共十一位，從葛樂士（Charles T. Cross）、李潔明（James R. Lilly）、宋賀德（Harry E.T. Thayer）、丁大衛（David Dean）、魯樂山（Thomas Brooks）、貝霖（B. Lynn Roscoe）、張戴佑（Darryl Norman Johnson）、薄瑞光（Raymond Burghardt）、包道格（Douglas H. Paarl）、楊甦棣（Stephen M. Young），到現任的司徒文（William A. Stanton），他們也都在台美友誼上，有各自不同的貢獻。

本書作者其他著作有《華府二三事》等。她是新聞界前輩魏景蒙最小的妹妹。父親魏易

(1882-1932)，清末民初與林紓(琴南)合作，由魏易口述英美通俗小說，林琴南用文言文記錄下來，兩人共翻譯了六十八本書，包括《黑奴籲天錄》(*Uncle Tom's Cabin*)等，對中國早期認識歐美，頗有幫助。作者幼承庭教，後來嫁給沈劍虹，隨夫遷徙，終成「雙橡園」最後一位女主人，她寫這本書時心中的感慨，可想而知。

星軺東來：記美駐華十位大使及一特使(增訂本)

2010年9月初版　　定價：新臺幣240元
2011年2月二版

著者	魏惟儀
發行人	林載爵

出版者	聯經出版事業股份有限公司	叢書主編	沙淑芬
地址	台北市基隆路一段180號4樓	校對	王允河
編輯部地址	台北市基隆路一段180號4樓	封面設計	蔡婕岑
叢書主編電話	(02)87876242轉212		
台北忠孝門市	台北市忠孝東路四段561號1樓		
電話	(02)27683708		
台北新生門市	台北市新生南路三段94號		
電話	(02)23620308		
台中分公司	台中市健行路321號		
暨門市電話	(04)22371234 ext.5		
高雄辦事處	高雄市成功一路363號2樓		
電話	(07)2211234 ext.5		
郵政劃撥帳戶第	0100559-3號		
郵撥電話	27683708		
印刷者	世和印製企業有限公司		
總經銷	聯合發行股份有限公司		
發行所	台北縣新店市寶橋路235巷6弄6號2F		
電話	(02)29178022		

行政院新聞局出版事業登記證局版臺業字第0130號

本書如有缺頁，破損，倒裝請寄回聯經忠孝門市更換。　ISBN 978-957-08-3762-9 (平裝)
聯經網址 http://www.linkingbooks.com.tw
電子信箱 e-mail:linking@udngroup.com

國家圖書館出版品預行編目資料

星軺東來：記美駐華十位大使及一特使／魏惟儀著. --二版.
--臺北市：聯經，2011.02
144面；14.8×21公分.
ISBN 978-957-08-3762-9（平裝）
〔2011年2月二版〕

1.中華民國外交　2.現代史　3. 中美關係

645.24　　100001759